Égypte, mon amour

ISBN : 978-2-37448-901-8

Christian JACQ

ÉGYPTE, MON AMOUR

Le voyage d'une vie

XO EDITIONS

Pour Françoise, « ma douce d'amour »,
Depuis toujours et à jamais, en ce
Monde et dans l'autre, présente à chaque
Étape de ce voyage.

Pour vous, les fidèles, en particulier
Rolland et Michel, accueillis par le
Bel Occident et sa déesse.

Et pour toi, François, mon maître
Vénéré, qui as orienté mon destin en
Prononçant quatre mots : « Tout est en Égypte. »

INVITATION AU VOYAGE

À une époque lointaine, où il était possible d'explorer les sites les plus reculés, j'ai eu la chance de parcourir l'Égypte en tous sens et d'y vivre un bon nombre d'aventures, la plupart heureuses, certaines plus ou moins risquées, et l'une, tragique.

J'aime l'Égypte pharaonique, d'un amour de l'âme, depuis l'enfance. Un éveil provoqué par la lecture des bandes dessinées comme *Le Mystère de la Grande Pyramide* de Jacobs, et conforté, à l'âge de treize ans, au moment où je commençais à écrire « sérieusement », par celle des trois gros volumes de l'*Histoire de la civilisation de l'Égypte ancienne*, de Jacques Pirenne, qui attachait la plus grande importance à la spiritualité et à ses modes d'expression, tant sociétaux que littéraires et artistiques.

L'Égypte n'est pas un pays comme les autres. C'est à la fois un continent, à la source de plusieurs autres civilisations, dont celle de l'Occident, et un univers où régna, pendant trois millénaires, la lumière de l'Esprit.

Aimer, selon les anciens Égyptiens, c'est creuser un canal où circule l'énergie et bâtir une pyramide. L'âge m'autorise à dire qu'une existence se construit, à condition d'avoir un plan d'œuvre et de choisir les matériaux adéquats. La pensée égyptienne me servit de modèle pour tenter d'y parvenir.

Alors que le grand voyage, auquel j'ai consacré ma thèse de doctorat, approche, j'ai ressenti la nécessité de partager quelques expériences vécues sur la « terre aimée des dieux », en hommage à ces puissances invisibles et pourtant si présentes, ainsi qu'à mes lecteurs, qui m'accompagnent avec tant de fidélité depuis de nombreuses années.

Venez, je vous emmène en Égypte.

— 1 —

LE JARDIN AUX CITRONNIERS

Les deux premières sensations du premier voyage : d'abord, la joie de rentrer chez moi après une longue absence ; ensuite, savourer l'air lumineux, qui enchantait l'âme et le regard.

L'Égypte, enfin. Ou plutôt au début d'un itinéraire que l'on appelle « une vie », cette vie qui nous traverse et nous appartient si peu. Cette vie qu'elle m'offrait, sans compter les millénaires, et que je devais lui consacrer en retour.

« L'unique, la bien-aimée, la sans pareille, semblable à l'étoile du matin, celle dont la beauté rayonne, au regard clair, aux paroles bénéfiques » : c'est en ces termes qu'un chant d'amour de l'Égypte ancienne célèbre la femme qui, dans un jardin paradisiaque, à l'ombre des palmiers et des sycomores, près d'un plan d'eau couvert de lotus, apparaît devant son amoureux.

Ces mots-là pourraient aussi s'appliquer à l'Égypte elle-même, cette étoile qui a guidé l'humanité pendant des siècles. Pour moi, dans un jardin aux citronniers d'Alexandrie, ils ne sont pas restés qu'une merveilleuse évocation. La main de ma bien-aimée sans pareille était dans la mienne, à jamais, et je songeai aux vers de Gérard de Nerval : « Je pense à toi, [...] divine enchanteresse, [...] à ton front inondé des clartés d'Orient ».

Ce n'est pas une invention médiatique : oui, Françoise et moi nous sommes mariés très jeunes, avec dispense obligatoire et accord de nos parents, à la fois compréhensifs et inquiets. Inquiétude vite dissipée lorsqu'ils ont compris que notre couple, à l'image des leurs, c'était pour la vie. Et n'oublions pas le conseil qu'Agatha Christie donnait aux femmes : « Épousez un archéologue. Plus vous vieillirez, plus il vous aimera. »

Selon les anciens Égyptiens, un jardin fleuri et arboré était le lieu privilégié de l'amour. Ayant eu la chance de vivre celui de l'Égypte et celui d'une femme exceptionnelle, je célèbre chaque matin comme une parcelle d'éternité le jardin qui entoure notre maison, peuplé de nombreuses essences.

Gérard de Nerval, si injustement méconnu, fut mon maître en littérature, et son *Voyage en Orient* le compagnon de mon adolescence. À travers lui se dessinèrent mes deux métiers, égyptologue et écrivain, sans oublier la constante recherche de la signification des mythes et des symboles qui forment la véritable « langue sacrée », admirablement formulée par les hiéroglyphes.

Jadis, Alexandrie, ville grecque bâtie par Ptolémée Ier en l'honneur d'Alexandre le Grand, qui avait délivré l'Égypte des occupants perses, était le point d'arrivée des aventuriers et des voyageurs. Avant le triomphe des religions dogmatiques se développa dans cette cité ce qu'on appelle l'« hermétisme », à savoir la science du dieu Hermès, adaptation grecque de l'Égyptien Thot, maître de la Connaissance.

Tout au bonheur d'une promenade à deux dans le jardin aux citronniers, comment ne pas se souvenir de l'enseignement majeur d'Hermès, transmis par l'air lumineux : « Regarde en haut avec les yeux du cœur, rassemble en toi-même les sensations de tout le créé, du feu et de l'eau, du sec et de l'humide, imagine que tu es à la fois partout, sur la terre, dans la mer, au ciel, que tu n'es pas né encore, que tu es dans le ventre maternel, que tu es adolescent, vieillard, que tu es mort et au-delà de la mort. Si tu embrasses par la pensée toutes ces choses à la fois, temps, lieux, substances, qualités, quantités, tu peux comprendre Dieu. Ce n'est pas le fait de naître qui est la vie, mais la conscience. »

– 2 –

LES LIENS DE LA MAGICIENNE

Au cœur de la mégapole cairote se trouve un quartier populaire, le Vieux-Caire. Là subsistent des églises coptes, où l'on célèbre d'anciens rituels mêlant magie égyptienne et religion chrétienne. Refusant de se soumettre à Rome et au pape, les coptes – les chrétiens d'Égypte – ne reconnaissent comme chef que le patriarche d'Alexandrie. Minorité qui se réduit et cohabite tant bien que mal avec les musulmans.

Qui se souvient que la Sainte Famille – Joseph, la Vierge Marie et l'enfant Jésus – a trouvé refuge en Égypte, à Héliopolis, site majeur de la spiritualité pharaonique ? Après avoir résisté pendant des siècles, « l'arbre de la Vierge » qui la protégeait, tel le sycomore de la déesse-ciel, a aujourd'hui disparu.

Quand nous avons parcouru les ruelles du Vieux-Caire, au siècle dernier, Françoise et moi étions seuls. Nous résidions à l'hôtel *Horus*, modeste établissement qui présentait l'avantage de posséder une terrasse en plein ciel. Au petit matin, dans l'azur de cette époque, dansaient des faucons pèlerins, incarnations du dieu Horus, protecteur de l'institution pharaonique.

On se perd aisément dans des venelles qui s'entrecroisent, au point de se demander si l'on parviendra à sortir de ce labyrinthe.

Bien que notre mariage eût été célébré à Paris en toute légalité, Françoise estimait qu'il ne serait réellement consacré qu'en Égypte. Elle ne se trompait pas, sans imaginer ce qui nous attendait.

Alors que nous errions, une femme, vêtue d'une robe noire, nous fit signe de la suivre. Intrigués, nous acceptâmes.

Un escalier aux marches usées menait à une crypte silencieuse, hors du monde. Était-ce celle qui avait accueilli la Vierge Marie, son époux et son fils, celle où la Sainte Famille avait recueilli le message des magiciens coptes ?

Tout au fond, de l'eau provenant de la nappe phréatique. Et une étrange obscurité, qui ne manquait pourtant pas d'une certaine lumière.

En quelle langue avons-nous échangé quelques mots avec la prêtresse ? Je ne m'en souviens pas. La magicienne a compris que nous venions de nous marier, mais cette union-là ne suffisait pas. Pour qu'elle dure, il fallait accomplir un acte fort.

Aussi s'empara-t-elle de lourdes chaînes, dont elle nous entoura avec patience et méticulosité, serrés l'un contre l'autre. Sans doute d'autres couples ont-ils bénéficié de ce rite, mais à ce moment inoubliable et bouleversant, c'était le nôtre, rien que le nôtre !

Le terme indo-européen *yoga* signifie « joug libérateur ». Et le mot égyptien *tches* désigne à la fois la formule magique efficace et le lien qui unit solidement les pierres d'un édifice.

Être liés magiquement l'un à l'autre sans qu'aucun coup du destin ne parvienne à nous séparer : voilà le merveilleux cadeau que nous a offert cette magicienne.

— 3 —

LE COLOSSE DE MEMPHIS

Pour nombre de mes contemporains, Memphis est une ville des États-Unis, célèbre pour un genre de musique dont je ne suis pas spécialiste. Pour un égyptologue, Memphis est le nom grec donné à la première capitale de l'Égypte unifiée, fondée par le premier pharaon de la Ire dynastie, Ménès, « le Stable ». Située au point de jonction entre les deux parties si différentes du pays, la Haute et la Basse-Égypte, cette cité, dont les textes vantent le charme, était la « Balance des Deux Terres », située à proximité du Caire actuel.

Regardons une carte : la Basse-Égypte – le Delta du Nil – ressemble à la corolle d'une fleur de lotus ; la Haute-Égypte – la vallée du Nil – à sa tige, qui ondule jusqu'à la barrière rocheuse de la première cataracte, frontière méridionale des Deux Terres.

Dotée du port de « Bon Voyage », dominée par une citadelle, Memphis abritait de nombreux temples, dont celui de Ptah, créateur par le Verbe et maître des artisans.

Qu'est-il resté de cette illustre et magnifique capitale ? Rien. Après leur invasion, les Arabes l'ont totalement détruite, utilisant les blocs de pierre pour bâtir la leur, Le Caire.

La visite de Memphis la disparue se résume en un rapide parcours du petit musée en plein air, où sont exposés quelques vestiges.

C'est pourtant là que m'attendait, lors de mon premier voyage, un choc des plus rudes, une surprise de taille colossale.

Sur le site, une sorte de hangar hideux. Mais à l'intérieur, allongé sur le dos, un sourire serein aux lèvres, un colosse, et pas n'importe lequel : celui de Ramsès II, jadis dressé devant un temple de Memphis et qui, par un miracle typiquement pharaonique, a échappé aux vandales.

Un double sentiment m'anima : l'admiration et l'indignation. Admiration pour ce chef-d'œuvre qui incarnait la puissance lumineuse, non d'un individu, mais de l'institution pharaonique, qui dura trois millénaires, et qui manque tant à notre époque. Pharaon était le contraire d'un tyran. Son devoir majeur consistait à faire vivre, quelles que fussent les circonstances, la règle de Maât – vérité, justesse, harmonie et cohérence –, tant spirituelle que sociale.

Sculpter un colosse n'a pas pour but de contribuer à la gloriole d'un despote. Il ne représente pas « monsieur » Ramsès, mais abrite le *ka* royal, la puissance créatrice, qui passe de pharaon en pharaon.

Indignation, car ce colosse-là n'aurait pas dû être couché dans ce hangar. Une idée folle me traversa l'esprit : « Un jour, je le redresserai. » Je ne savais pas comment procéder, et j'ignorais, en cet instant, que l'écriture serait un moyen de levage possible, qui contribuerait au rayonnement du *ka* de Ramsès dans le monde entier.

— 4 —

L'ÉNERGIE DES PYRAMIDES

Organiser et diriger une mission en Égypte, composée de photographes et d'épigraphistes, n'est pas une sinécure. Préparation du voyage, choix de la période, le voyage lui-même, la répartition des tâches, le programme de travail théorique qui, sur le terrain, réclame à coup sûr de nombreuses et rapides adaptations en fonction des circonstances... Heureusement, au fil des années, j'ai pu compter sur la fidélité et la compétence de collaborateurs dévoués, amoureux de l'Égypte, au premier rang desquels Rolland le Breton et Michel l'Ukrainien, dont j'aurai à reparler.

Diriger consiste à manier le gouvernail, afin que le bateau emprunte le bon chemin, et l'on sait que le Nil est parfois piégeux et redoutable ! Quand l'équipage se mettait au travail, ce dernier n'était pas un vain mot. Le temps nous était compté, comme pour toute mission égyptologique : lever à l'aube, sous l'égide bienveillante mais ferme de Françoise, et cessation des activités à la fermeture des sites archéologiques, variable en fonction des saisons et du caractère plus ou moins aimable des gardiens. Peu de pauses dans la journée, déjeuner sur le pouce et exécution, aussi rigoureuse que possible, du plan de travail.

La récompense : une bière fraîche – voire plusieurs si nécessaire – au coucher du soleil, après avoir rangé le matériel. Cette année-là, l'équipe se désaltérait en contemplant le plateau de Guizeh, sur lequel se dressent les pyramides de Khéops, de Khéphren et de Mykérinos. La détente après l'effort, et quelle détente avec une pareille vision !

Soudain, une petite main prit la mienne. Celle de ma fille Ghislaine, alors très jeune.

— Papa, tu veux bien m'emmener voir les pyramides ?

Quand vous n'avez plus rien dans les chaussettes, comme disent les sportifs épuisés, et que vos jambes ne vous portent plus, ce n'est pas le genre de projet qui vous séduit. Mais comment refuser ? Ceux qui, comme moi, ont joué au tennis, au basket ou au football, savent que l'on peut trouver un second souffle, en outrepassant des limites que l'on croyait atteintes.

Nous quittâmes donc l'hôtel, en contrebas du plateau de Guizeh, pour monter, à petite allure, la rampe qui y conduisait.

Avant de poser la première pierre de la Grande Pyramide, les bâtisseurs avaient accompli un exploit extraordinaire : araser le plateau rocheux avec une précision qui laisse pantois les techniciens modernes.

Avouée, mon intention était de faire quelques pas. Mais dès l'abord de l'aire sacrée, surprise ! Envolée la fatigue, légères les jambes, régénéré le regard. Provenant à la fois du sol et des monuments, une énergie ô combien puissante se déployait. Ce jour-là, j'ai mieux compris l'expression de Chateaubriand, selon lequel les pyramides ont « fatigué le temps », dissipant en quelques minutes ma propre fatigue.

Les Anciens n'implantaient pas n'importe où les édifices sacrés : ils tenaient compte de l'intensité des ondes telluriques, que connaissent bien les spécialistes. Le cas du plateau de Guizeh est exceptionnel, et l'on peut le considérer comme l'un des plus grands émetteurs d'énergie, sans cesse renouvelée. Et ce n'est pas tout, car les pyramides elles-mêmes produisent en permanence une énergie oubliée par le monde moderne, dont il aurait pourtant tant besoin, l'énergie spirituelle, celle que les Égyptiens anciens appelaient le *ka*, capable d'entretenir toutes les formes de vie. Faire rayonner cette puissance par l'intermédiaire des pyramides : telle fut l'intention première des bâtisseurs.

Lorsque retentirent les sifflets des gardiens du site, il fallut mettre un terme à notre promenade. En atteignant l'hôtel, l'épuisement et une bonne nuit de repos en perspective, une vérité s'imposa : on ne devrait jamais quitter le plateau des pyramides.

— 5 —

LA GRANDE PYRAMIDE : UN PARCOURS DE VIE

Des sept merveilles du monde, il n'en subsiste qu'une : la grande pyramide de Khéops, dont le nom signifie « Qu'il me protège ». Chaque fois que je me suis trouvé au pied de ce fabuleux monument, deux sentiments m'ont habité : celui de la petitesse de l'individu mortel, face à ce géant de pierre conçu pour l'éternité ; et l'aspiration à s'élever, à se détacher de la pesanteur du monde matériel. Le plateau de Guizeh s'appelait « Près du haut », se présentant comme la région terrestre la plus proche du ciel.

Star incontestée et incontestable, la Grande Pyramide demeure bien présente dans l'actualité, en raison des recherches sur ses secrets de construction et de la découverte de cavités plus ou moins importantes. À mon avis, toutes les pièces et espaces connus ont été renforcés pour former une protection antisismique, qui a prouvé son efficacité.

Je voudrais évoquer ici le parcours de vie que j'ai expérimenté à l'intérieur de la Grande Pyramide, au dispositif intérieur unique. Aucune pyramide ne ressemble à une autre, chacune a son architecture et son génie propres. Celui de Khéops consista, selon l'enseignement d'Héliopolis, la plus ancienne cité sacrée, à révéler l'agencement des chambres secrètes de Thot, dieu de la Connaissance.

Parcours de vie et non de mort, car la pyramide n'est pas un tombeau où se décompose le corps mortel d'un individu. Elle est même exactement le contraire : un lieu de vie, où la mort meurt, afin que naisse une lumière créatrice, qui transmute alchimiquement le périssable en impérissable. Les textes sont clairs : la pyramide est Osiris, ressuscité par Isis, dont l'amour a vaincu la mort.

Lorsqu'une pyramide contient un corps – et ce n'est pas le cas de toutes –, il ne s'agit pas d'un cadavre, mais du corps « noble », que nous appelons « momie », qui n'est plus une dépouille humaine, mais Osiris reconstitué.

Si chaque pyramide dévoile un chemin de vie, celui inscrit dans la Grande Pyramide est particulièrement détaillé. En plusieurs épisodes, et en petit comité, dans le silence, j'ai eu la chance de pouvoir l'explorer et en tirer un enseignement, que j'ose imaginer assez proche de celui que le maître d'œuvre a inscrit dans la pierre.

La véritable entrée de la Grande Pyramide n'est pas celle empruntée par les visiteurs actuels, un orifice percé par les pillards. On peut néanmoins la distinguer, et je partage l'avis de ceux qui estiment qu'un hiéroglyphe est gravé dans les blocs, d'autant plus qu'il révèle le nom de la Grande Pyramide, l'*akhet*, « la contrée de lumière », un terme d'une importance capitale. Car tel est bien l'objectif du parcours initiatique révélé par le maître d'œuvre : passer de l'existence à la vie, du temporel à l'intemporel, et pénétrer en conscience dans un espace où règne la lumière de l'Esprit. Un parcours qui comprend trois étapes, matérialisées par trois chambres.

Pour atteindre la première, une chambre souterraine, il faut s'engager dans un long et étroit couloir, où l'on doit progresser courbé. Une véritable épreuve physique, à déconseiller aux claustrophobes. La descente paraît interminable, le souffle peut manquer, et l'on se demande, non sans angoisse, où l'on va aboutir. On songe alors au proverbe kabyle : « Si j'avance, je meurs. Si je recule, je meurs. Alors j'avance. »

En pénétrant ainsi dans les entrailles de la Terre-Mère, c'est bien une sorte de mort, suivie d'une première renaissance, qui s'accomplit. Au débouché du couloir, une vaste grotte, la matrice symbolique de la pyramide. L'atmosphère y est aussi prenante que paisible. Nous voici en contact avec l'énergie que les anciens Égyptiens appelaient le *noun*, source de toutes les formes vivantes.

Impossible de demeurer éternellement dans le ventre de la Mère-grotte. Le flux vital nous incite à en sortir, pour remonter l'étroit couloir et entamer une ascension qui nous mène à un nouveau couloir, horizontal celui-là, voie vers la deuxième chambre de la Grande Pyramide. Nous sommes ici dans le monde intermédiaire, entre le plus profond et le plus élevé. Dans une sorte de niche s'inscrit une pyramide à degrés qui évoque aussi des voûtes présentes dans les pyramides de Snéfrou, à Dahchour. Le prédécesseur de Khéops, son « père », est l'ancêtre qui transmet au « fils » le secret de la construction de la pyramide, comme celle de l'être. Nombre de lois d'harmonie sont enseignées dans cette salle, mais elle n'est pas le terme du chemin.

Pour s'élever encore, un prodige architectural : la grande galerie, que l'on ne trouve dans aucune autre pyramide. Outre son caractère utilitaire, pour la montée des blocs, c'est un aspirateur à âme ! Degré par degré, on la gravit, attiré de manière irrésistible par une force nourrie d'immensité. À ce moment, ne devient-on pas une pierre de cette pyramide, élevée jusqu'à son cœur, la chambre de résurrection du pharaon ?

À l'issue de cette ascension, un ultime passage permet d'y accéder. Et nous voici dans un centre d'énergie spirituelle inégalable, dans un athanor, ce fourneau alchimique où la lumière naît d'elle-même. Peu importe que le sarcophage soit dégradé. Il demeure la barque qui accueille le « juste de voix » pour lui faire parcourir le cosmos, lors d'un voyage sans cesse renouvelé.

Dans cette chambre du roi, l'existence prend vraiment un sens, celui d'une communion avec les étoiles impérissables.

— 6 —

UNE REINE AU COUCHANT

Il existe des moments de grâce, parfois brefs, mais dont on se souvient tout au long de son existence, surtout quand ils relient l'invisible au visible. Le soir tombait, au terme d'une journée de travail sur le plateau de Guizeh. Les membres de l'équipe étaient restés à l'hôtel, après avoir passé des heures à photographier l'intérieur de la surprenante et complexe pyramide de Mykérinos. Le parcours souterrain aboutit à une magnifique chambre de résurrection, dissimulée par une autre pièce jouant un rôle de protectrice. Cette troisième et ultime pyramide de Guizeh est beaucoup plus petite que les deux géantes de Khéops et de Khéphren, mais c'est pourtant elle qui comporte les plus gros blocs, et ses assises de granit, assemblées avec une fabuleuse perfection, lui donnent une allure robuste, ancrée dans l'éternité.

Le site archéologique fermait, le silence revenait sur le plateau, que je n'avais pas envie de quitter. Guizeh est le lieu du nombre Trois qui, en hiéroglyphes, est le synonyme de « penser » : trois pyramides royales et, près de celle de Mykérinos, trois petites pyramides dites « des reines », et qui sont plutôt des expressions du *ka*, la puissance créatrice, sans connotation funéraire.

Ayant convié les derniers touristes à s'éloigner, les policiers m'oublièrent, alors que je m'approchais d'une des trois petites pyramides baignées du soleil du soir. Un or chaud et doux effaçait les blessures subies par les pierres, et je gravis sans trop de peine les degrés pour atteindre le sommet d'un des édifices et contempler le coucher du soleil, qui faisait rougeoyer le désert. Bientôt l'astre pénétrerait dans « le royaume de dessous terre » afin d'y affronter le redoutable dragon des ténèbres.

Pendant quelques instants, le fleuve du temps cessa de couler, et la puissance sereine des pyramides s'imposa comme une ultime réalité. Un détachement, certes, non pour sombrer dans l'indifférencié, mais afin de communier avec une lumière apaisante.

Et je me souvins de la légende concernant les trois petites pyramides proches de celle de Mykérinos. Certains soirs, entre la fin du jour et le début de la nuit, une femme merveilleusement belle s'y promène. Est-elle Rhodopis, qui avait perdu sa sandale, si fine et si élégante qu'un pharaon, tombé amoureux à sa seule vue, fit rechercher celle dont le pied et le corps entier ne pouvaient qu'être admirables ? Est-elle la Grande Épouse royale de Mykérinos, qui veille sur la pyramide de son mari ? Est-elle la reine-Pharaon Nitokris, qui régna sur les Deux Terres à la fin de l'ère des pyramides géantes ? Est-elle la déesse d'Occident qui accueille en son sein les âmes des « justes de voix » ? Ou serait-ce un fantôme souriant, au charme irrésistible, qui emmène de l'autre côté du miroir quiconque commet l'imprudence de la suivre ?

— 7 —

LA DAME QUI AIME LA VIE

Avant toute mission en Égypte, un long temps de préparation : se fixer un objectif, en n'étant pas certain de l'atteindre à cause des conditions de travail sur place, prévoir des solutions de rechange, remplir des dossiers, consulter les ouvrages concernant les monuments à photographier et à étudier. Cette année-là, j'avais repéré la demeure d'éternité d'une femme remarquable, Méresânkh, « Elle aime la vie ». D'après les descriptions, un endroit exceptionnel, mais interdit à la visite depuis longtemps.

Cette grande dame vivait à l'époque de la construction des pyramides géantes. Associée au pouvoir suprême, elle avait été initiée aux mystères révélés dans les temples et honorée dans une demeure d'éternité pourvue de bas-reliefs, à l'instar des proches et des fidèles d'un pharaon, qui demeuraient autour de lui dans l'au-delà, comme ils l'avaient été ici-bas. À la cour céleste correspondait une cour terrestre.

Pour désigner ces monuments, nous utilisons malheureusement deux termes inadéquats : « tombe » – un contresens – et « mastaba », un mot arabe signifiant « banquette », qui fait allusion à la forme extérieure des demeures d'éternité du temps des pyramides. Elles comprenaient deux parties : l'une où reposait la momie du défunt ou de la défunte, à savoir son corps osirien, réanimé chaque jour par l'âme-*ba*, un oiseau qui allait puiser dans le soleil la nourriture nécessaire ; l'autre, une chapelle plus ou moins vaste, précédée d'un jardin, et accessible aux « vivants sur terre », qui y célébraient des banquets en l'honneur des ressuscités, sans oublier de déposer des offrandes. Ainsi était abolie, grâce aux ancêtres, la frontière entre l'existence périssable et la vie en éternité.

L'aventure Méresânkh débuta, comme il se devait, au Service des Antiquités de Guizeh. Accueil aimable, doublé d'un étonnement : « Vous voulez vraiment voir ce tombeau-là ? » « Si c'est possible, vraiment. »

Impatience exclue. Ici, les heures peuvent compter beaucoup plus que soixante minutes. L'inspecteur devait consulter son supérieur, qui n'était pas forcément disponible. Donc, boire du thé en discutant de choses et d'autres, surtout d'autres.

Visiblement ennuyé, le responsable réapparut. « Ça ne va pas être possible. » Jusque-là, rien d'anormal. Question angoissée : « La tombe serait-elle inaccessible ? » Réponse encourageante : « Non, mais il y a un problème. » Un grand pas en avant : à tout problème, une solution. L'inspecteur me présenta un impressionnant trousseau de clés, certaines fort anciennes. Parmi elles, celle qui ouvrait le tombeau de Méresânkh, mais laquelle ? Solution proposée : et si on les essayait toutes ? Solution adoptée. Un employé du service nous conduisit jusqu'à la dernière demeure de Méresânkh, située dans ce qu'il est convenu d'appeler une « rue de tombeaux », sous la protection d'une pyramide.

Tâche obligée, à laquelle nous participâmes avec ardeur : déblayer l'entrée. Ensuite, essayer les clés. Dans un tel cas, une prière muette au dieu-verrou peut se révéler efficace. Quel bruit agréable que le grincement de la porte qui s'ouvre sur un univers dont la splendeur vous saute aux yeux !

Comme elle aimait les couleurs de la vie, cette reine au visage grave ! Nous la découvrons voguant en barque pour rencontrer la déesse de l'amour dissimulée dans les roseaux, recevoir l'enseignement de sa mère spirituelle et le transmettre à ses « filles », diriger une communauté féminine, entretenir l'énergie créatrice. Les scènes composent un fascinant livre de vie qu'a écrit cette femme il y a plus de quatre mille ans.

Aujourd'hui – pour combien de temps ? –, cette demeure d'éternité est ouverte, en échange d'un ticket. Une étape à ne pas manquer.

— 8 —

L'INVENTEUR DE L'ÉTERNITÉ

Si vous pensez que l'éternité n'existe pas et qu'il ne s'agit que d'un temps infini plutôt ennuyeux, je vous recommande de parcourir le site de Saqqara, au sud du Caire. En contemplant la pyramide à degrés du pharaon Djéser, la première édifiée en pierre de taille par son maître d'œuvre Imhotep, vous changerez peut-être d'avis.

Question de croyance et de religion, dira-t-on ; justement pas ! En réalité, question de Connaissance. Comme l'a observé l'égyptologue Siegfried Morenz, le concept d'éternité n'apparaît pas dans l'Ancien Testament. C'est une idée purement égyptienne, reprise par le Christ, en tant que dieu-roi, lequel n'a pas oublié le très ancien rite osirien de la communion avec le vin et le pain.

Selon les anciens Égyptiens, il n'existe pas une seule éternité, mais deux ! L'une est l'éternité de l'instant, semblable à un éclair de conscience qui ne s'éteindrait pas ; l'autre est l'éternité des multiples cycles qui rythment l'harmonie de l'univers. Dans mon roman *Imhotep, l'inventeur de l'éternité*, je célèbre le génie de ce Grand Voyant d'Héliopolis, qui a perçu ces réalités, au-delà du visible, et les a inscrites dans la pyramide à degrés. Cette dernière est un escalier vers le ciel qui permet à l'âme royale d'y accéder, et aux puissances divines de descendre vers la terre.

Comment Imhotep a-t-il créé ce chef-d'œuvre inégalable ? En consultant un livre tombé du ciel, un manuel de construction qui restera en vigueur jusqu'à la fin de la civilisation égyptienne. Et la tradition est formelle : Imhotep est l'unique architecte qui a bâti tous les édifices sacrés d'Égypte.

De plus, il est le modèle de la réussite par excellence : d'abord simple artisan, foreur de vases de pierre, il dirigea un atelier et fut remarqué par le pharaon en personne, qui en fit son Premier ministre et son maître d'œuvre, tellement estimé qu'il acquit le titre de « frère du roi ».

Comment accéder aux deux éternités d'Imhotep ? En franchissant la porte du domaine qu'il a conçu pour le pharaon Djéser, dont le nom signifie précisément « sacré ». Or, cette porte monumentale, perpétuellement ouverte, est réservée au *ka* royal, sa capacité de création.

Le domaine façonné par Imhotep n'est pas destiné aux humains, mais a pour vocation de célébrer la fête de régénération de l'Esprit. Lorsque nous nous trouvons dans la grande cour à ciel ouvert, face à la pyramide, nous ressentons sa présence rayonnante. Quelle invention pourrait être plus importante que celle de l'éternité ?

— 9 —

VIVRE À L'INTÉRIEUR D'UN LIVRE DE PIERRE

Naguère, lorsqu'il était possible de circuler librement à Saqqara et d'atteindre des monuments peu fréquentés, il y avait une aventure à ne pas manquer. Il fallait descendre du plateau et découvrir le temple bas, très dégradé, d'un pharaon peu connu de la Ve dynastie, Ounas, qui eut un long et heureux règne vers 2375 avant J.-C. Ménès avait fondé l'Égypte en unissant les Deux Terres et en bâtissant la première capitale ; Djéser et Imhotep avaient créé la première pyramide en pierre et inventé l'éternité ; Ounas, lui, allait accomplir un acte d'une importance capitale, dont nous continuons à bénéficier.

Du temple bas part une longue voie, jadis couverte. Ses murs étaient ornés de bas-reliefs, presque tous détruits. Remonter lentement cette chaussée, qui conduit vers la pyramide, fut un rite accompli lors de chacune de mes visites à Saqqara, car elle mène à un sanctuaire d'une telle richesse qu'il fallait se préparer à la puissance du choc.

La « petite » (une soixantaine de mètres de hauteur) pyramide d'Ounas, proche de l'immense aire sacrée de Djéser, ne paie pas de mine, car elle est fort abîmée. Y pénétrer ne requiert pas un grand effort physique, le parcours menant à la chambre de résurrection étant relativement court.

Et soudain, sur une paroi, la surprise. Et quelle surprise ! Des colonnes d'admirables hiéroglyphes, à l'origine colorés en un fascinant bleu-vert, et sculptés avec une précision extraordinaire. Quand je les ai vus pour la première fois, je n'ai pu en détacher mon regard pendant de longues minutes, tout en les déchiffrant.

Avant Ounas, une pyramide ne transmettait son enseignement que par la géométrie et les Nombres. Avec lui, elle parlait, et pas dans n'importe quelle langue : la langue sacrée révélée par le dieu de la Connaissance, Thot, sous la forme de hiéroglyphes, « les paroles de Dieu ». La pyramide devenait un livre à l'intérieur duquel la mort était transformée en vie.

Sous le règne d'Ounas, il fut donc décidé de confier à l'écrit la tradition orale transmise, depuis l'origine, de bouche de maître à oreille de disciple. Désormais, toutes les pyramides seraient parlantes, celles des reines comme celles des rois. Des textes fondamentaux figureraient dans chacune d'elles, avec des additions et des variantes propres à chaque souverain. Cet ensemble constitue les *Textes des pyramides*, le plus ancien et le plus fondamental corpus rituel et initiatique que nous ont légué les anciens Égyptiens. Les derniers ritualistes de l'époque gréco-romaine se référeront encore à cette source de Connaissance.

Quel est le contenu de ce livre de pierre ? Sous une forme précise, des colonnes de hiéroglyphes, bien distinctes, se présentent comme des chapitres plus ou moins longs, qui débutent tous par le signe du temple – chaque formule étant donc considérée comme un sanctuaire – et les mots « paroles à dire ». N'oublions pas que les hiéroglyphes sont des êtres vivants, que l'on anime par la lecture rituelle. Le sculpteur, « Celui qui rend vivant », a d'ailleurs pris soin de couper en deux des signes représentant des créatures dangereuses, tels lions et serpents, de manière qu'elles n'agressent pas le pharaon vainqueur de la mort.

Ces « formules de transformation en lumière » visent à offrir au voyageur de l'Esprit toutes les paroles nécessaires pour repousser les ténèbres et les forces de destruction, afin d'accomplir les mutations incessantes au cours de son voyage en éternité. La première phrase, ô combien décisive, est inscrite près du sarcophage, barque destinée à voguer dans les espaces célestes : « Pharaon, tu n'es pas parti mort, tu es parti vivant. »

Après avoir répondu aux questions du passeur, le voyageur emprunte quantité de barques, devient feu, fumée d'encens, rayon de lumière, oiseau, étoile, absorbe la magie des divinités et célèbre avec elles un éternel banquet[1].

S'il est un vœu à formuler, c'est que les deux nous permettent de devenir une lettre de ce lumineux livre de pierre, et de participer ainsi à ce voyage sans limites, sur « l'aile immense de l'ibis de Thot qui traverse le ciel ».

---

1. J'ai développé ces thèmes dans *La Tradition primordiale de l'Égypte ancienne selon les Textes des Pyramides*, Grasset, 1998.

— 10 —

LE SARCOPHAGE D'UN GÉANT

Voulez-vous découvrir le plus gigantesque des sarcophages égyptiens ? Non, ce n'est pas celui d'un des Ramsès, installé dans une tombe de la Vallée des Rois ; ce n'est pas non plus celui d'un des taureaux Apis, visible dans le serapeum ; et pas davantage celui, pourtant monumental, du pharaon Djéser, au cœur de sa pyramide à degrés.

Si vous voulez contempler cette merveille, fort peu connue, même des spécialistes, il faudra vous munir d'une carte de la nécropole de Saqqara et vous armer de patience, afin d'obtenir l'autorisation indispensable et d'être guidé par un officiel du Service des Antiquités qui disposera de la bonne clé.

L'aire sacrée de Saqqara est immense, seule une petite partie a été fouillée. Chaque année apporte son lot de découvertes, car ce site est resté en activité pendant trois millénaires. Et certains monuments, après avoir été repérés, ont été perdus, recouverts par les vents de sable. Je songe, par exemple, aux appartements souterrains d'une pyramide du Moyen Empire, dont l'emplacement est à peu près connu, et dont il ne subsiste que quelques photographies en noir et blanc. Belle redécouverte en perspective !

Au sud de Saqqara, le sarcophage géant du pharaon Chepseskaf, lui, est visible de loin. En raison de sa forme de banquette, les Arabes l'ont appelé le Mastaba Faraoun. Qui est ce souverain énigmatique ? Le dernier roi de la IVe dynastie, celle des pyramides géantes. Avec lui s'achève un prodigieux âge d'or architectural, unique dans les annales de l'humanité.

De ce Chepseskaf, dont le nom signifie « Sa puissance créatrice est vénérable », on ne sait presque rien. Il régna peut-être cinq ans, vers 2500 avant J.-C., et eut le bonheur de voir achevées les pyramides de Guizeh. Recouvertes de calcaire blanc, elles reflétaient les rayons du soleil et formaient une formidable centrale d'énergie.

Après un tel prodige, quelle demeure d'éternité pour Chepseskaf ? Guizeh étant désormais un espace achevé, auquel aucun monument n'aurait su être ajouté, où édifier une nouvelle pyramide ?

Tout en s'éloignant de Guizeh pour rejoindre Saqqara, le monarque choisit une option surprenante : pas de pyramide, mais un sarcophage géant qui, néanmoins, resterait lié à la tradition.

Ce Mastaba Faraoun est isolé dans le désert. À son approche, une inquiétude : la clé sera-t-elle la bonne ? Vu l'absence de visiteurs, la porte métallique consentira-t-elle à s'ouvrir ? Les dieux étant favorables, les obstacles furent levés.

L'obscurité, le silence, la poussière. Une lampe éclaira l'intérieur de cet extraordinaire monument, formé d'énormes blocs. L'impression exaltante de découvrir un monde oublié. Et puis l'œil étonné de l'égyptologue : les deux salles, séparées par un seuil, rappelaient des dispositifs architecturaux des pyramides de Khéphren et de Mykérinos ! Loin de rompre avec ses ancêtres, Chepseskaf les célébrait selon son génie propre.

Les fouilleurs n'ont retrouvé ni trésor, ni momie, ni sarcophage, ce qui est assez logique, puisque le monument lui-même en est un, d'une taille jamais égalée !

L'endroit est habité par le *ka*. Ici s'exprime, à travers les pierres, une puissance de régénération intacte, en dépit des siècles. Solidement posé sur le seuil de Saqqara, ce sarcophage, centre vital des mystères d'Osiris, mort et ressuscité, est une borne indicatrice sur le chemin de la contrée de lumière.

— 11 —

RAMPER POUR ATTEINDRE LE SOLEIL

Non loin du Caire, le site d'Abousir, où se dressent les pyramides et les temples des pharaons de la Ve dynastie, est aujourd'hui bien aménagé pour la visite. La situation était assez différente quand je m'y suis rendu au siècle dernier.

Bien que réputé ouvert selon des horaires élastiques, le site était fermé. Ayant repéré un gardien, j'entrepris une négociation, en utilisant les ressources de l'art du bakchich, dont je ne dévoilerai pas ici les secrets. Finalement, les barrières s'ouvrirent, et mon équipe se déploya dans le domaine sacré des Fils du Soleil, une lignée de pharaons qui insista sur les bienfaits de la lumière créatrice, symbolisée par le dieu Râ, dont le nom annonce l'action du Verbe.

Abousir a malheureusement beaucoup souffert. L'endroit a été profané, puis exploité comme carrière. Des pillards ont arraché et dérobé nombre de bas-reliefs, notamment ceux d'un des plus grands mastabas connus, au nombre de salles impressionnant, hélas dévastées.

Pourtant, il n'émane aucune tristesse d'Abousir qui, malgré ses blessures, exprime plutôt une paix profonde. Du point de vue archéologique, beaucoup de merveilles, notamment les dallages, la qualité des pierres de trois couleurs – blanc, noir et rouge –, le système de canalisations et l'harmonie architecturale des pyramides auxquelles étaient accolés des temples dits « solaires ».

Après avoir admiré une pyramide et tourné autour d'elle, un désir s'impose : y pénétrer. Ce n'est pas toujours possible, pour de multiples raisons. À la base de l'une de celles d'Abousir, je décelai une sorte de faille, fort étroite, sous un énorme bloc de calcaire.

Une idée saugrenue : et si, en rampant, je parvenais à me glisser à l'intérieur ? Puisque ce bloc avait résisté à la masse de la pyramide, en partie écroulée, pendant des siècles, il n'allait pas s'affaisser dans les minutes qui suivaient. Mon hypothèse n'enchanta pas le gardien, mais mes arguments l'emportèrent, et je commençai donc à ramper, sans savoir combien de temps durerait cette reptation, et où elle aboutirait. N'étant pas particulièrement corpulent, je songeai cependant à plusieurs animaux capables de s'aplatir au maximum pour se faufiler dans un espace des plus restreints. Et si, malgré tout, cela coinçait, sans pouvoir ni avancer ni reculer ? Un véritable moment de solitude, où l'on se sent à la fois trop gros pour progresser et trop infime pour supporter le poids d'un bloc qui, importuné, réagirait en vous écrasant. Comme je n'avais plus le choix, autant poursuivre en étouffant la peur.

Heureusement, le parcours ne fut pas trop long. Mais quand je me redressai, à l'intérieur du monument, pas de quoi être rassuré ! Au-dessus de moi, une voûte martyrisée, prête à se disloquer. À se demander par quel miracle quelques blocs, plus ou moins enchevêtrés, tenaient encore en suspension. Privée de son revêtement, la pyramide était devenue vulnérable aux éléments extérieurs, auxquels résistait tant bien que mal son dispositif intérieur. Surtout, pas le moindre bruit, ni geste inconsidéré, et à peine respirer, sous peine de rompre ce fragile équilibre.

Et pourtant, quel spectacle inoubliable ! À cette époque, les pyramides ne parlaient pas. Aucun hiéroglyphe sur les parois. Mais les pierres, elles, transmettaient leur puissance. Au cœur de ce chaos apparent subsistait l'harmonie première. De ces blocs de tailles variées émanait une lumière qu'avaient formulée les Fils du Soleil à travers leur demeure d'éternité.

Bien sûr, le technicien et l'archéologue avaient envie d'étudier les méthodes de construction, en tirant profit de l'état du monument. Je me pris à rêver d'une restauration, qui lui redonnerait un peu de sa splendeur première, et je goûtai surtout la chance d'avoir été l'hôte de ce monde difficilement accessible, si proche et si lointain, où règne un autre soleil, celui des pierres vivantes.

— 12 —

L'ESCALADE D'UNE PYRAMIDE

Dahchour, idéal inaccessible ! Pourquoi donc, questionnera le touriste d'aujourd'hui, qui visite aisément ce site prodigieux, au sud du Caire ? Là se dressent plusieurs pyramides, dont deux géantes créées par « le bon roi » Snéfrou, l'une qualifiée de « rouge » à cause de la couleur que prennent les pierres sous certaines lumières, et l'autre de « rhomboïdale », parce qu'elle présente la caractéristique unique d'être à double pente.

Je vais évoquer une époque, heureusement révolue, pendant laquelle Dahchour, site essentiel de l'âge d'or des pyramides, était interdit, en raison de la présence d'une importante base militaire où stationnait un régiment peu préoccupé d'architecture pharaonique. Durant de longues années, à chacun de mes séjours au Caire, j'ai sollicité l'autorisation de me rendre à Dahchour, alors même que les égyptologues n'y avaient pas accès.

Désespérée, la démarche était devenue mécanique, et recevait toujours une réponse négative. Quelle frustration ! Fondateur de la IVe dynastie, Snéfrou peut être considéré comme le plus grand bâtisseur de l'Égypte ancienne[1]. Il termina probablement par une première pyramide lisse à Meidoum, dont je reparlerai, et choisit le vaste et grandiose site de Dahchour pour y édifier deux géantes, dignes de celles de Guizeh.

Avant que les pyramides ne s'expriment en hiéroglyphes, elles parlaient par la géométrie et les Nombres. À Guizeh, tout est pensé en fonction du Trois ; à Dahchour, du Deux, Nombre conçu pour traduire la dualité créatrice, celle du feu secret et de l'air lumineux, qui dépasse la pensée humaine. Dans le nom de Snéfrou, « Celui qui accomplit la perfection », on trouve précisément *sen*, « Deux ». Deux pyramides à Dahchour, et une à double pente, qui comporte deux entrées

1. J'ai raconté son aventure dans *Le Lotus d'or, ou les trois pyramides du pharaon Snéfrou*, XO Éditions, 2024.

et deux chambres de résurrection. Difficile d'être plus clair ! Notons, au passage, que le revêtement de calcaire de la rhomboïdale a été posé avec une telle perfection que les pillards n'ont pas réussi à l'arracher.

J'ai tenté de remuer le milieu égyptologique afin qu'une pression soit exercée sur les autorités locales, et que le site soit enfin libéré. Peine perdue.

Et puis, un matin de printemps, à mon hôtel du Caire, un appel inattendu. Il n'émanait pas du Service des Antiquités, mais d'un général qui me fixait un rendez-vous. Le genre d'invitation que l'on ne refuse pas, même si elle vous surprend. L'accueil fut fort aimable. Le haut gradé me posa la question qui l'intriguait : pourquoi désirais-je, avec tant d'obstination, me rendre à Dahchour ? Avec un maximum de conviction, je tentai de souligner le caractère exceptionnel de l'endroit.

Écouté avec courtoisie, certes, mais entendu ? Le général mit fin à l'entretien sans me communiquer sa décision, et je n'étais guère optimiste.

Deux jours plus tard, tôt le matin, juste avant de partir avec mon équipe pour Saqqara, nouvel appel téléphonique. Sa teneur me laissa pantois :

« Un convoi officiel vous attend devant votre hôtel. » Direction Dahchour.

Le temps de comprendre qu'il ne s'agissait pas d'une plaisanterie, changement de programme et mobilisation générale, de toute urgence.

Et nous voilà en présence de deux jeunes hommes des services de sécurité, chemise blanche et pantalon noir, chargés de nous escorter. Grâce à eux, passage d'un check-point, avant une route sinueuse qui conduisait aux pyramides. Statufié et incrédule, je les voyais grandir à chaque tour de roue.

Objectif autorisé : la pyramide à double pente. Quelle joie de la contempler de près, de tourner autour d'elle, d'examiner un petit sanctuaire où l'on vénérait son *ka* en tant qu'être vivant ! Et puis toujours le même désir : explorer l'intérieur.

Sérieux problème : située sur la face nord, l'une des entrées de la pyramide se trouvait à plusieurs mètres au-dessus du sol ! De quoi renoncer, car il était impossible de procéder à une escalade à mains nues.

Mais mon équipe disposait du matériel nécessaire, notamment de cordes, aussi utiles pour grimper le long d'une paroi que pour descendre au fond d'un puits. Il fallut convaincre nos deux agents spéciaux de se transformer en alpinistes, car ils ne devaient pas nous quitter d'une semelle.

Bénéficiant d'une ascendance savoyarde, Françoise ne fut pas la dernière à s'élever, dans les meilleures conditions de sécurité possible, vers l'accès d'une pyramide inexplorée depuis longtemps. Au terme de cet effort s'ouvrait, malgré la poussière et l'obscurité, le monde intérieur de la pyramide à double pente, aujourd'hui beaucoup plus accessible.

— 13 —

UNE JOURNÉE DANS L'AU-DELÀ

La très grande majorité de mes séjours en Égypte, y compris pendant les mois les plus chauds et les plus éprouvants, furent placés sous le signe d'un travail que l'on peut qualifier de « soutenu ». Dans ce carnet de voyage mérite cependant de figurer une journée très particulière, l'une des plus intenses qu'il m'ait été donné de vivre.

Sans autre matériel qu'un stylo et un petit cahier, j'avais décidé de faire découvrir à Françoise un site peu fréquenté, Meidoum, à une centaine de kilomètres au sud du Caire.

À son approche, on est généralement étonné et un peu déçu : de la pyramide originelle, dépouillée de son sommet et de son parement, il ne subsiste qu'une sorte de donjon, dressé sur une énorme butte. Mais de gigantesques degrés sont visibles, et l'allure générale, malgré les profondes blessures, garde une belle dignité.

Meidoum était « la demeure d'Atoum », le Principe créateur, « Celui qui est et qui n'est pas ». En s'éveillant dans l'océan d'énergie primordial, il donna naissance à notre monde.

Sévèrement pillée, l'aire sacrée de Meidoum comprenait de riches demeures d'éternité, ornées de sculptures et de peintures. Seuls des fragments ont été préservés, telles les fameuses « oies de Meidoum », aux couleurs intactes. On peut s'introduire dans un colossal mastaba en utilisant le passage creusé par les voleurs, ce qui exige une certaine souplesse. L'effort en vaut la peine, car l'on atteint une superbe salle souterraine, où repose un grand sarcophage en calcaire étincelant. Détail unique : le couvercle est légèrement soulevé, coincé par un maillet en bois, qui n'a pas craqué sous le poids. Les bâtisseurs égyptiens disposaient de bons outils !

Partant d'un temple bâti à la limite des cultures, une chaussée, au tracé encore visible, menait à un étrange sanctuaire accolé à la pyramide, un mini-labyrinthe précédé de deux grandes stèles en pierre dépourvues d'inscription. Ici, chaque matin était célébré un rituel dédié à la pyramide, être vivant. Régnant sur le Un, d'où il fait naître le Deux, un couple composé du Feu (la déesse Tefnout) et de l'Air lumineux (le dieu Chou), Atoum exprime sa puissance créatrice par cette pyramide, la plus éloignée de Memphis la capitale. Sans preuve, on attribue sa construction à Houni, un roi dont on ne sait rien, et l'on suppose que Snéfrou l'acheva, en lui donnant la forme d'une pyramide lisse, dont la structure interne était à degrés.

Grâce à un escalier moderne, on accède aisément à l'entrée, sur la face nord, comme le veut la Tradition. Puis l'on commence un parcours initiatique, digne de celui de la grande pyramide de Khéops, mais aux dimensions plus modestes. D'abord un long couloir descendant qui mène aux entrailles de la Terre-Mère, puis un chemin horizontal avec des décrochés, des pas de côté qui doivent nous ramener dans l'axe, jusqu'à une paroi verticale, qui semble marquer la fin du parcours. Semble seulement, car il existe un au-delà, au-dessus de nous : la chambre de résurrection.

Nul besoin de déployer des talents d'alpiniste, car un escalier en bois permet aux visiteurs de franchir cet obstacle et d'arriver au cœur de la pyramide, fourneau alchimique où la mort est transformée en vie.

La pièce est relativement petite, le sarcophage a disparu. Aucun ornement, pas de hiéroglyphes, mais quelle incroyable énergie émanant des pierres, notamment d'une voûte qui capte le regard !

Ce jour-là, aucun touriste. Françoise et moi nous sommes assis et avons scruté chaque détail de ce sanctuaire, le cœur battant de la pyramide. Le temps s'écoulait à l'extérieur, pas ici. Nous avons fait silence et nous nous sommes recueillis afin, comme le recommandait mon saint patron Champollion, qui montrait l'exemple, d'« écouter la voix des ancêtres. » Et comme elles parlent, ces pierres vivantes, si on désire les entendre !

Au-dehors, le soleil se couchait. Mais pas au-dedans. Un gardien, chargé de fermer la pyramide, se souvint de nous avoir vus entrer le matin, mais non ressortir. Il grimpa jusqu'à nous et nous signala qu'il fallait quitter les lieux. Après avoir vécu une journée dans l'au-delà, les avons-nous vraiment quittés ?

— 14 —

UN GUIDE DANS LES TÉNÈBRES

Une fructueuse mission s'achevait, il nous restait une journée de repos avant de reprendre l'avion. Gâcher un temps précieux à se prélasser ? Un projet qui ne me convenait pas. Meilleure idée : exploiter ce temps libre pour tenter d'atteindre un site inconnu des circuits touristiques, Médinet Mâdi. J'écris « tenter », mais j'ignorais alors quelles épreuves nous attendaient.

Cette aventure mérite une explication. La période qu'il est convenu d'appeler le Moyen Empire, celle des Sésostris et des Amenemhat, fut à la fois heureuse et brillante. On y construisait encore des pyramides, non plus des géantes comme du temps de l'Ancien Empire, mais de remarquables monuments, hélas très dégradés à cause des pillages. De cette époque datent des chefs-d'œuvre littéraires, dont l'aventure de Sinouhé que j'ai réactualisée dans un roman[1], en hommage à un auteur de génie. Il ne subsiste malheureusement que fort peu de monuments. Parmi eux, le temple de Médinet Mâdi, dans la province du Fayoum, à une centaine de kilomètres au sud-ouest du Caire. Qu'à cela ne tienne : il suffisait de louer un minicar, assez grand pour embarquer le matériel et l'équipe, et d'indiquer au chauffeur le but de l'expédition. « Médinet, Médinet », répéta-t-il, souriant, ravi de cette belle course.

Le terme « Fayoum » désigne une grande étendue d'eau, un lac aménagé par les pharaons du Moyen Empire, au prix du creusement d'un canal et d'efforts colossaux, qui aboutirent à la création d'un immense jardin où s'épanouissaient faune et flore. Faute d'entretien depuis les Ptolémée, la surface du lac a considérablement rétréci. Et les temples bâtis sur ses rives se trouvent maintenant isolés dans le désert.

Le début du voyage se déroula au mieux, quoique le chauffeur eût quelques difficultés à

1. *La Mission secrète de Sinouhé l'Égyptien*, XO Éditions, 2022.

passer les vitesses. Il stoppa son véhicule au centre d'une agglomération bourdonnante, devant des roues à aube. « Médinet », dit-il. Une conversation complexe permit d'élucider le quiproquo. Pour lui, le centre « touristique », c'était Médinet el-Fayoum, la capitale de la province. Nous, nous désirions nous rendre à Médinet « les pierres », un site archéologique, dont il n'avait jamais entendu parler. Renoncer, alors que nous étions – théoriquement – si proches, hors de question. Une carte et une boussole, et en avant.

Et nous voilà perdus sur des sentiers serpentant entre des jardins. Pas le moindre temple à l'horizon, et un chauffeur de plus en plus stressé, qui roulait trop vite et nous faisait sauter comme des bouchons de champagne et heurter le plafond du minicar.

D'après ma carte, nous n'étions pas si loin du but. Mais, égarés dans ce labyrinthe, peut-être valait-il mieux rebrousser chemin.

C'est alors que, regardant par une vitre, j'aperçus un faucon pèlerin, incarnation d'Horus, qui semblait nous indiquer le chemin. « Suivez-le », indiquai-je au chauffeur, qui accepta à contrecœur, se demandant où nous allions.

Le faucon volait paisiblement, comme pour ne pas nous semer. Au sortir du labyrinthe, il nous abandonna devant un panneau métallique rouillé qui indiquait « Les pierres » ! L'espoir renaissait, nous étions dans la bonne direction.

Hélas, nouvel obstacle : un oued, minuscule, et un gué pierreux à franchir, qui épouvanta le chauffeur. Son véhicule ne passerait pas. « Mais si ! » protestèrent en chœur les membres de l'équipe, qui en avaient vu d'autres.

Le minicar s'élança et aborda une piste sinueuse qui aboutit à un monticule, surmonté d'une cabane sponsorisée par le Service des Antiquités. Nous étions arrivés ! Derrière cette modeste habitation, le temple.

De cette cabane sortit un maigrichon, armé d'un fusil, qui ne paraissait pas enchanté par notre intrusion. Palabres et bakchichs vinrent à bout de ses réticences, et nous découvrîmes enfin une merveille, un petit sanctuaire dédié à deux divinités, le crocodile Sobek, chargé de faire surgir le soleil du fond des eaux, et le serpent femelle Rénénoutet, garant de la fertilité des sols.

Le sable avait recouvert une partie de l'allée menant au sanctuaire. Mon regard tomba sur un pilier comportant une inscription que je dégageai à mains nues, afin qu'elle fût photographiée. Cette initiative désorienta le gardien, qui me demanda de réensabler le bas du pilier, afin de maintenir le site en parfait état.

Est-il un seul temple d'Égypte qui ne soit pas magique ? Les heures passées à l'intérieur de celui-là, dont les scènes et les hiéroglyphes évoquaient la fécondité de l'Esprit, s'écoulèrent beaucoup trop vite.

Le soleil ne tarderait pas à se coucher, il fallait regagner le monde moderne. Passablement fourbus, nous nous apprêtions à monter dans le minicar stationné devant la cabane du gardien lorsque nous constatâmes la catastrophe. En voulant le déplacer, le chauffeur avait patiné, et ses roues s'étaient enfoncées dans le sable.

Par bonheur, en raison de cet incident fréquent quand on s'aventure dans le désert, le véhicule était équipé de pelles et de planches métalliques. Donc nous creusâmes et disposâmes les planches pour que le minicar puisse sortir de sa gangue. Manœuvre réussie… jusqu'à ce que le chauffeur se réensable !

Quelques hurlements saluèrent cet exploit. De nouveau, les pelles. Mais cette fois, Michel prit le volant, sut utiliser la bonne vitesse et emmena le véhicule sur un sol plus dur.

Sauvés ? Pas tout à fait, car la nuit tombait si vite que, déjà, on ne distinguait plus la piste. Autrement dit, la certitude de s'égarer et d'être piégés par le sable mou. Impossible de regagner Le Caire dans la soirée. L'avion du matin décollerait sans nous.

Alors il sortit des ténèbres croissantes. Un homme grand, mince, coiffé d'un turban et vêtu d'une robe blanche. Il marchait lentement, en s'aidant d'une longue canne. Sans dire un mot, il monta à l'avant du minicar et orienta Michel sur la bonne voie. À l'orée de la route facile à suivre, il nous salua, descendit et disparut, sans rien réclamer en échange de son aide. Un guide dans les ténèbres.

— 15 —

LA DOUCEUR DE LA VALLÉE

Explorer l'Égypte, toute l'Égypte, ne négliger aucun site, m'imprégner de la magie de chacun d'eux, célèbre ou méconnu, afin de percevoir, autant que faire se peut, cette terre à l'image du ciel : tel était le plan que j'avais tracé, avec l'espoir de le concrétiser au fil des années. Dans cette perspective, impossible de négliger la Moyenne-Égypte, peu prisée des touristes car manquant d'infrastructures satisfaisantes à l'époque où je l'ai parcourue.

Seule base logistique : un hôtel de Minieh, au confort sommaire. Il ne s'agissait pas non plus d'un haut lieu gastronomique, mais la serveuse présentait une particularité notable : être le sosie de Néfertiti. Or, Amarna, la cité du soleil d'Akhénaton et de son épouse Néfertiti, avait été édifiée non loin. Curieuse coïncidence !

Notre objectif principal était l'ensemble des demeures d'éternité de cette région, la plupart du Moyen Empire, et dont les mieux conservées sont celles de Beni Hassan. À ce moment de l'histoire égyptienne, les gouverneurs de province, tout en restant soumis à l'autorité du pharaon, garant de l'équilibre des Deux Terres, affichent leur prospérité due à l'application de la règle de Maât, harmonie céleste et terrestre. Leur souci majeur est le bien-être de la population, lié à la redistribution des richesses par les temples et à une gestion rigoureuse des ressources.

Situées au sommet d'une falaise qui domine le Nil, les demeures d'éternité de Beni Hassan intriguèrent Champollion en raison des sujets abordés dans leur décor peint, beaucoup touchant à la vie quotidienne. Encore fallut-il que le génial déchiffreur des hiéroglyphes utilisât une éponge magique pour ôter la couche de poussières diverses qui recouvrait les parois !

Rien de plus vivant et de plus animé que ces tombes. On y découvre de multiples activités physiques, la chasse dans le désert pour y conjurer les forces obscures, la lutte à mains nues, ce qui ressemble à des phases de judo et même à des postures de yoga !

Malgré cette débauche d'énergie, je garde de Beni Hassan un souvenir d'une douceur incomparable et d'une vue inoubliable du haut du promontoire rocheux. Au sommet, la mémoire de dignitaires inscrite dans la pierre ; puis une pente qui devient de plus en plus verdoyante ; enfin, le bleu éclatant des méandres du Nil.

Que la vie est douce à l'ombre des palmes, que la douceur est envoûtante du haut de ces demeures d'éternité, à l'emplacement si bien choisi ! En ces instants de contemplation, le paysage vous absorbe. Le dialogue intérieur cesse, le cours du fleuve anime l'âme, la beauté magique de cette vallée parvient à concilier le désert, l'eau et la végétation. Les siècles s'effacent pour laisser la place au bonheur, certes fugace, mais intense, d'une méditation qui nous relie à ce que vécurent nos ancêtres.

— 16 —

LA TRAGÉDIE D'HERMOPOLIS

Voici le chapitre le plus sombre de tous mes voyages. Une blessure inguérissable que je ne peux éluder. En Moyenne-Égypte, Hermopolis, « la cité d'Hermès », nom grec de l'égyptienne Khémenou, « la ville du Huit », dédiée à Thot, abritait un très grand temple et diverses annexes. Pourquoi le Huit ? Parce que, selon l'un des mythes de la Création, quatre couples de grenouilles et de serpents, êtres primordiaux vivant dans l'océan d'énergie, s'associèrent pour faire naître la lumière.

Thot, dieu de la Connaissance, premier serviteur de Râ, la lumière divine, détenteur des sciences sacrées, patron des scribes, façonneur des hiéroglyphes, joua un rôle majeur tout au long de l'histoire égyptienne. Rien d'étonnant, donc, à ce qu'un vaste site lui fût consacré. Ici vécurent les ritualistes de Thot, qui rédigèrent notamment les textes, en grande partie ésotériques, inscrits sur les sarcophages. Ils reposèrent dans la nécropole voisine de Bersheh.

D'après les textes, la cité de Thot était un enchantement : jardins, plans d'eau et une célèbre « vallée des tamaris ». Dans ce cadre magnifique officiaient sages et savants, sous l'égide de Thot, symbolisé tantôt par un homme à tête d'ibis, tantôt par un babouin. L'ibis, c'est « Celui qui trouve », grâce à son long bec, qui ne s'enfonce pas au hasard dans la terre fertile ; et l'impressionnant babouin, à l'intelligence déliée, contribue au lever du soleil. N'oublions pas que le pas de l'ibis correspond à la fameuse coudée (cinquante-deux centimètres), l'une des clés de l'architecture égyptienne.

Vous imaginez mon enthousiasme, à l'idée de découvrir un tel site ! Bien sûr, je savais, grâce aux manuels d'archéologie, qu'il avait beaucoup souffert, mais je ne m'attendais pas à un tel désastre.

Les tombes de Bersheh ont été systématiquement ravagées, avec l'ardeur du fanatisme. Il ne subsiste que des fragments de leur décor, dont une scène figurant le déplacement d'une statue colossale, halée à l'aide d'un traîneau et de cordages que manient des spécialistes. Quant à la vallée des tamaris et au grand temple de Thot, ils ont disparu. Ne subsistent que des babouins géants, laissant imaginer la taille de l'édifice et des merveilles qu'il contenait. Et ce ne sont pas quelques colonnes romaines qui peuvent effacer la profonde tristesse qui vous envahit, encore accentuée par les restes d'une chapelle transformée en latrines.

Ce n'est pas par hasard que les fanatiques se sont acharnés sur le domaine de Thot, car la Connaissance dont il était le dispensateur devait disparaître au nom des croyances. Son enseignement et ses sanctuaires étaient trop gênants. Opération en partie réussie, hélas, mais pas totalement, loin de là, car survécurent nombre de *Textes des sarcophages*, que j'ai eu le bonheur d'étudier avec leur premier traducteur en langue française, Paul Barguet, mon professeur de hiéroglyphes.

Pourquoi les humains se montrent-ils si destructeurs ? Les anciens Égyptiens répondaient : parce qu'ils se sont détournés de la lumière créatrice, en lui préférant l'injustice, la violence et le mensonge. L'éditeur Robert Laffont avait une explication complémentaire : « Qu'est-ce qui dirige le monde ? On répond volontiers l'argent et le sexe. C'est inexact. Ce qui mène notre monde, c'est la bêtise. »

Nous n'étions pas au bout de notre peine, au sens fort du mot. Au bord des larmes devant ce site martyrisé, je m'en suis éloigné, guidant mon équipe vers un village, avec l'espoir de découvrir quelques vestiges non répertoriés.

Initiative malheureuse, vision cauchemardesque. Une longue rue insalubre, des femmes entièrement voilées de noir, des enfants nous jetant des pierres. Nous rebroussâmes chemin, le cœur serré.

Comme le proclame un texte à propos du travail des scribes, les écrits peuvent être un monument plus durable qu'une pyramide. En ce qui concerne Hermopolis, c'est ce qui s'est produit. Quoique son temple ait été détruit, le message de Thot a été préservé et transmis.

— 17 —

LA SÉRÉNITÉ DE PÉTOSIRIS

À l'un des pires moments du séjour en Moyenne-Égypte succéda l'un des plus merveilleux. Si les demeures d'éternité des anciens ritualistes de Thot ont été massacrées, l'une d'elles, sur le site de Touna el-Gebel, non loin du grand temple disparu, a survécu.

Le monument est exceptionnel : non pas une tombe ordinaire mais un petit temple qui, à l'extérieur, présente des bas-reliefs figurant des scènes traditionnelles, connues depuis le temps des pyramides, mais dans le style… grec ! Pourquoi cette originalité ? Parce que cette demeure d'éternité était celle du grand prêtre Pétosiris, « le don d'Osiris », qui vécut sous une rude occupation des Perses, les ancêtres des Iraniens, et connut la libération de son pays par Alexandre le Grand.

Pétosiris fut un courageux résistant, en compagnie de son épouse Année-Heureuse, et j'ai narré leurs aventures dans un roman[1]. Après avoir surmonté épreuves et dangers, Pétosiris fut inhumé dans ce temple-tombeau, dont les parois intérieures sont couvertes de superbes textes traditionnels, qui ne doivent rien à la Grèce. Et son sarcophage est un authentique chef-d'œuvre, incrusté de pierres semi-précieuses aux couleurs vives.

J'utilise à regret le terme de « grand prêtre », tout à fait inadéquat. D'une part, la bonne traduction du titre de Pétosiris est « Premier serviteur du dieu », en l'occurrence, Thot ; d'autre part, il n'y a eu ni religion égyptienne ni prêtres chargés de convertir et d'imposer une doctrine, mais des ritualistes qui entretenaient l'énergie divine afin de rendre la terre prospère et habitable.

Un bleu céleste anime les bas-reliefs intérieurs de la demeure d'éternité de Pétosiris, qui nous convie à vivre en rectitude pour avancer sur le chemin de Dieu, en direction de la cité des félicités où

1. *Égypte, l'ultime espoir. La vie héroïque du grand prêtre Pétosiris*, XO Éditions, 2020.

parviendront les « justes de voix ». Nous sommes en présence de l'un des grands sages de l'Égypte ancienne, qui anima l'armée des ombres avant de ressurgir à la lumière. Quelle joie pour lui de restaurer le sanctuaire de Thot violé par les Perses, de ranimer le jardin secret où reposait l'œuf primordial et de revivifier l'île de la flamme !

Au terme d'une fort longue et épuisante journée de travail, nous sortîmes du temple-tombeau de Pétosiris. Les gardiens avaient hâte de nous voir quitter le site pour regagner leur domicile.

Un événement nous dérouta tous : l'un de ces couchers de soleil dont l'Égypte a le secret. Tellement intense, tellement profond, tellement coloré par mille nuances, de l'or au rouge rubis se succédant si vite, que nous n'avions pas d'autre choix que de le contempler. Tous, les membres de l'équipe, les gardiens, les chiens, nous nous assîmes dans le sable et admirâmes le cercle de feu qui illuminait la fin du jour. Les anciens Égyptiens appelaient ce moment *hotep*, « coucher du soleil », « paix », « plénitude », « sérénité ». Plus un bruit, plus un murmure, un silence habité par cette sérénité que nous accordait l'esprit d'un sage.

— 18 —

EN PANNE DANS LE DÉSERT

Suis-je parfois trop exigeant ? À mon avis – d'une totale partialité en ce qui concerne la découverte des sites égyptiens – jamais. Que personne, ou presque, ne connaisse celui de Dishasha n'était pas un motif suffisant pour ne pas s'y rendre. Voilà deux bonnes semaines que, depuis Assouan, nous remontions vers le nord dans notre minicar, avec notre matériel.

À la hauteur de la Moyenne-Égypte, je constatai que, d'après mon carnet, il était possible de nous rendre à Dishasha où se trouvaient quelques tombes décorées, dont il ne fallait pas exagérer l'importance, mais tout de même… Nous étions en Égypte pour travailler sérieusement.

Premier défi : trouver un guide ayant entendu parler de l'endroit et connaissant son emplacement. Deuxième défi : la traversée, assez longue, d'une zone désertique. Troisième défi : trouver une voiture et un chauffeur compétent, afin de ne pas s'ensabler.

Le véhicule que l'on nous proposa était un pick-up, une sorte de bétaillère, qui servait d'ordinaire à transporter des bovins. Le paysan qui nous la louait était sûr de son fait : en échange d'une honnête rétribution, il nous acheminerait à bon port.

L'équipe s'installa donc à la place des animaux, avec le matériel. Je songeai à Champollion, qui avait pris la tête d'une troupe composée « d'ânes et de savants ».

Hilares, en raison de l'incongruité de notre requête, le chauffeur et son acolyte, notre guide, prirent la direction demandée.

Conduire dans le désert réclame une certaine expérience, dont notre chauffeur ne manquait pas. Le soleil tapait dur. En tant que bétail, nous demeurâmes stoïques, jusqu'au moment où le moteur toussota. D'abord une petite quinte, et une deuxième, puis une série qui se termina par un étouffement.

La panne.

La panne en plein désert.

Premier impératif : garder son calme. Le second : s'enquérir des problèmes techniques et du moyen de les résoudre. La mine dépitée du chauffeur n'incitait pas à l'optimisme. La dose de calme commençait à sérieusement diminuer. Dans ce genre de situation, on n'apprécie guère d'avoir été nommé à la tête de l'expédition. Loin de tout, j'envisageais assez mal la seule solution, une longue marche dans le désert, avec une quantité d'eau peut-être insuffisante.

Ingénieur de formation, Michel regarda le chauffeur et son acolyte trifouiller dans le moteur, en pure perte. Son léger sourire – lui qui nous a fait tant rire avec des histoires drôles dont beaucoup dépassaient les limites de la bienséance – me redonna espoir. La vivacité de son œil m'incita à supposer qu'il avait une idée.

Son diagnostic aboutit à une conclusion que je formule phonétiquement, et que les spécialistes comprendront : « vapeurlock ».

— Est-ce guérissable, docteur ? demandai-je.

— Pas de problème, j'ai le remède.

De son sac, il sortit un rouleau de papier hygiénique, l'un des équipements indispensables de l'égyptologue en mission périlleuse.

Sous les regards ébahis du chauffeur et de notre guide, Michel procéda à une délicate opération chirurgicale. Le « vapeurlock » se produit quand le tuyau d'arrivée d'essence, mal positionné, touche le moteur brûlant. L'essence s'évapore, et le véhicule cale. Michel isola le tuyau avec plusieurs couches de papier, et la bétaillère repartit !

Nos deux accompagnateurs, en joie, congratulèrent le sauveteur, se promettant de ne plus jamais s'aventurer dans le désert sans un équipement adéquat.

— 19 —

LES MYSTÈRES D'ABYDOS

Aujourd'hui comme hier, il n'est pas si simple de se rendre à Abydos, et encore moins d'y séjourner, car ce temple fabuleux est situé dans une zone dite « à risques ». Sa visite est limitée dans le temps, et l'on est accompagné de policiers et de soldats armés, qui redoutent une attaque terroriste.

Quelle terrifiante évolution, alors que le sanctuaire dédié à Osiris par l'un des plus grands pharaons, Séthi Ier, célébrait le triomphe de la vie sur la mort !

Année après année, j'ai pu explorer tel ou tel aspect de ce site grandiose, à cinq cent soixante kilomètres au sud du Caire. C'est là que furent découverts les premiers hiéroglyphes, honorés les premiers pharaons, célébrés les mystères d'Osiris.

Abydos n'a pas été épargné par les vandales ; de nombreux sanctuaires, comme celui de Sésostris III, ont été détruits. Subsistent des vestiges de celui de Ramsès II et, surtout, les salles les plus importantes de l'extraordinaire monument édifié par Séthi Ier, le père de Ramsès le Grand. Il est extraordinaire par la richesse de ses textes, notamment le rituel d'éveil de la puissance créatrice au matin, et la qualité de ses bas-reliefs peints, d'une incroyable fraîcheur. Oui, la perfection peut être de ce monde.

L'avant-temple a disparu, et le bâtiment que l'on aperçoit de loin semble massif, presque fruste. On ne s'attend pas au festival de couleurs et de sculptures qui anime l'intérieur du temple couvert.

Séthi Ier était un pharaon hors norme. Comment a-t-il osé prendre le nom du dieu Seth, le perturbateur par excellence, maître de la foudre et de l'orage, et l'assassin d'Osiris ? Fallait-il être capable de manier une énergie si dangereuse et de se l'approprier ! Séthi Ier le fut. Non seulement protégea-t-il son pays d'une invasion et maintint-il sa prospérité, mais encore se comporta-t-il en bâtisseur exceptionnel, dont trois chefs-d'œuvre nous parvinrent : sa tombe de la Vallée des Rois, son temple des millions d'années à Gournah, sur la rive ouest de Louxor, et son ensemble architectural osirien d'Abydos.

La grande difficulté, avec Abydos, c'est que sa puissance magique s'exerce avec tant d'intensité que l'on demeure au moins une heure devant chaque bas-relief sans épuiser sa signification, et ils sont nombreux !

Il convient de rappeler qu'Abydos est à la fois « la porte du ciel », « la terre primordiale » et « l'île des justes ». Selon les *Textes des pyramides*, « être tenu à l'écart de la mort est mauvais pour les hommes », car, si on l'expérimente initiatiquement de son vivant, comme l'indiquent les mystères d'Osiris, elle donne accès à une vie infiniment plus vaste que l'existence. Sans cette initiation, un individu est plus ou moins vivant, observent les sages, et risque fort de subir la « seconde mort », celle de l'anéantissement.

Abydos est un formidable appel à une vie régénérée, au-delà de toute mort, considérée comme une maladie que peut guérir la magie d'Isis, laquelle connaît le nom secret de la lumière.

À côté du temple se trouve un autre monument créé par Séthi Ier, et tout aussi extraordinaire, l'Osireion, en partie orné de textes consacrés aux métamorphoses de l'âme. Une descenderie conduit à la tombe et à l'île d'Osiris, souvent sous les eaux de la nappe phréatique. Là ont été utilisés des blocs colossaux, dignes de l'époque des bâtisseurs de pyramides.

Si ce parcours conduit au royaume d'Osiris et permet de participer à sa résurrection, encore faut-il avoir été reconnu « juste de voix » par le tribunal divin. Nos actes seront pesés, et notre cœur-conscience devra être aussi léger que la plume de Maât, la règle d'harmonie.

Abydos remue l'âme, efface les innombrables faux problèmes posés par l'ego et révèle l'essentiel. Ici, face à Osiris, pas d'échappatoire, ni de bonnes excuses, ni de mensonge. Nous sommes conviés à répondre de notre parcours, il y va de notre vie. De notre vraie vie.

— 20 —

MOURIR POUR HATCHEPSOUT

Malgré leur importance, bien des sites égyptiens ne sont pas aisément accessibles, même aux spécialistes. Il en allait ainsi du spéos Artemidos, dans le sud du pays. Pourtant, un endroit non négligeable ! Hatchepsout, la célèbre reine-Pharaon, y a fait creuser des chapelles, sous la protection d'une déesse-lionne, avec une intention aussi précise que louable : repousser les forces du Mal. Voilà de quoi être attiré de façon irrésistible !

De la coupe aux lèvres, il y a parfois fort loin. Et tel était le cas. Quel autre moyen que de faire appel à un bon génie ? Celui-là s'appelait George, un colosse copte des plus sympathiques, débrouillard, efficace. Cette année-là, nous avions loué un petit bateau afin d'atteindre des sites peu connus, la plupart au bord du Nil. Des déplacements conformes aux habitudes des anciens Égyptiens, qui préféraient leur autoroute naturelle, le Nil, à des pistes souvent éprouvantes. George s'occupait de l'intendance et, notamment, de la livraison de bière lors d'escales appropriées. Une boisson indispensable, vu la forte chaleur.

Pour un motif que j'ignorais, le spéos Artemidos, grotte sacrée de Hatchepsout, était interdit à toute visite. George m'emmena au bureau du responsable local, afin de négocier. Drôle de bureau, dans une masure peu accueillante ! La pièce était presque totalement remplie de paperasse, certaines piles montant jusqu'au plafond. Au sein de ce monde clos et étouffant, un petit homme très sombre, au visage dur et fermé, assis derrière une table en bois couverte de dossiers. En cadeau préliminaire, j'avais apporté l'un de mes livres.

D'ordinaire, un tel responsable fait servir du thé à ses hôtes, avant d'entamer la discussion. Là, rien. Nous ne semblions pas être les bienvenus. En plus, le fonctionnaire ne parlait que l'arabe, et je laissai donc George exposer notre requête : obtenir, pour le lendemain matin, l'autorisation de visiter et de photographier le spéos Artemidos.

La réponse fusa, très sèche, et nous fûmes conviés, pour employer des termes courtois, à quitter le bureau. En regagnant le bateau, George m'expliqua la situation : le responsable refusait formellement et définitivement de donner son autorisation. Si les gardes armés nous voyaient sur le site, ils auraient l'ordre de nous tirer dessus, en toute simplicité.

Tenter quand même l'aventure, au risque de mourir pour Hatchepsout ? Je n'avais pas le droit de faire courir un tel risque à l'équipe. Et je ne prenais pas la menace pour du bluff. Adieu, le spéos Artemidos !

George, lui, ne semblait pas découragé. « Les gardes n'arrivent qu'à huit heures du matin, révéla-t-il. Je demanderai au capitaine d'accoster tout près du lieu, avant le lever du soleil. Vous pourrez vous y rendre sans bruit et déguerpir avant leur arrivée. Surtout, ne traînez pas. »

Réunion immédiate et décision prise, avec enthousiasme, y compris par les lève-tard. Et à cinq heures du matin, le lendemain, branle-bas de combat et discipline rigoureuse. Chacun savait ce qu'il avait à faire, en silence.

Dans sa grotte sacrée, Hatchepsout s'imposait comme un authentique pharaon, magiquement alliée à une lionne qui empêchait ondes nocives, forces maléfiques et envahisseurs humains d'agresser l'Égypte. Notre pacifique commando rendit hommage à ses bas-reliefs et à ses textes, puis regagna le bateau avant l'heure fatidique.

— 21 —

LE SERPENT DES CARRIÈRES

S'il existe des lieux fort peu fréquentés, ce sont bien les carrières qu'exploitèrent les bâtisseurs égyptiens. L'une des grandes richesses du pays, c'était ses pierres, du granit d'Assouan au calcaire de Tourah, non loin des pyramides de Guizeh. Du sud au nord, de nombreuses carrières de tailles variées offraient de remarquables ressources.

C'est dans la carrière que commence l'œuvre à accomplir. Le repérage des bons filons, la juste découpe, et même le façonnage de certains blocs, ainsi prêts à être embarqués sur des barges qui les transporteront jusqu'au monument désigné.

La carrière de calcaire du Gebel el-Silsileh était l'une des plus prisées, et la découvrir, en ressentant l'âme et les efforts des carriers, qui n'avaient pas manqué de remercier les dieux à travers des inscriptions, promettait un joyeux moment.

Petite difficulté : l'endroit se présentait comme un vaste fourneau, formé de murs blancs qui reflétaient la lumière du soleil. Équipé d'une montre qui donnait la température, George me montra le chiffre : 62. Lui était pourtant tête nue et conseillait de ne boire que de petites gorgées d'eau. Au bord du malaise, certains membres de l'équipe renoncèrent à progresser et recherchèrent de l'ombre. Quelques parapluies de secours furent appréciés.

La chaleur sèche étant réputée moins éprouvante que la chaleur humide, cette réconfortante pensée permit aux plus résistants d'explorer la superbe carrière et d'admirer le travail rigoureux des artisans. « Née du ventre des montagnes », selon leur expression, la pierre émettait ici ses vibrations originelles. Toute carrière est un lieu de naissance, selon le temps minéral, beaucoup plus étendu et durable que celui des humains.

Et si certains, cependant, pouvaient devenir des pierres nourries de lumière, comme le suggère le dieu Anubis, qui connaît les chemins de l'autre monde ?

Mon regard se posa sur le sable. Des traces sinusoïdales ne mentaient pas. Un serpent de belle taille venait de passer. Je songeai à celui qui ornait le front de Pharaon, l'uræus cracheur de flammes contre ses ennemis. Les anciens Égyptiens estimaient qu'il existait de bons et de mauvais serpents. Le pire de tous, Nik, rôde dans les ténèbres et tente de détruire la barque solaire, qui traverse la nuit afin de renaître. En revanche, Geb, « le fils de la terre », est un reptile qui rend le sol fécond. Et le « juste de voix » monte vers le ciel dans les replis protecteurs d'un serpent cosmique.

Au sortir de la carrière, nous avons vérifié la théorie de la relativité d'Einstein. En arrivant au bateau, il ne faisait plus que quarante degrés, une température qui nous parut plutôt fraîche.

— 22 —

LE ZODIAQUE DE DENDERA

Il y a des déjeuners dont on se souvient, en raison de leur qualité gastronomique. Celui-là n'était composé que d'une galette, un œuf dur et une orange, et la salle de restaurant se résumait à un banc et une table branlante. Mais la vue était aussi imprenable qu'unique : au terme d'une allée, la façade du temple d'Hathor, déesse de l'amour.

En dépit de la simplicité de la nourriture, un moment convivial et tranquille, évocateur de tous ceux passés en compagnie des paysans, à une lointaine époque où l'on pouvait circuler librement dans la campagne égyptienne, sans aucune crainte.

Ponctuant des journées de travail, ces instants-là leur ajoutaient l'un de ces petits bonheurs qui donnent un sens particulier aux efforts accomplis.

Et je dois certainement à Hathor la joie de ce modeste banquet.

Aujourd'hui, les visiteurs ont la chance de visiter un sanctuaire qui, grâce à un nettoyage réussi, a retrouvé ses couleurs. Bas-reliefs et hiéroglyphes rayonnent avec leur intensité première, et leur beauté exprime les charmes infinis de la souveraine des lieux, cette céleste déesse d'or, dont le nom, Hathor, signifie « temple d'Horus ». Le principe féminin contient le principe masculin, la femme cosmique abrite en son sein le protecteur de la fonction royale.

Les colonnes du temple couvert de Dendera, qui a résisté aux destructeurs, sont de gigantesques sistres en pierre, des instruments de musique, dont les sons écartent les ondes négatives.

Ici règne une harmonie particulière, émanant de la déesse, qui a perduré grâce aux bas-reliefs figurant des rituels et à des textes d'une importance majeure qu'a traduits la grande égyptologue française Sylvie Cauville, au prix d'un travail pharaonique. Ainsi a été restituée et préservée la pensée des initiés aux mystères de la déesse, qui accueille dans son sanctuaire des salles d'une importance exceptionnelle, situées sur le toit, à proximité d'une chapelle où étaient exposés au soleil les objets utilisés pendant les rituels, afin qu'ils fussent régénérés par la lumière.

Ces salles osiriennes, dont le message est complété par celles du temple de Philae, nous révèlent les étapes de la résurrection d'Osiris et la manière dont il a vaincu la mort, grâce à la magie de son épouse Isis.

Un seul coup d'œil et le plus grand des secrets est percé ? Ce n'est pas si simple. Quelles que soient la bienveillance et la générosité de la déesse, des efforts sont nécessaires. Tout est révélé, certes, mais de façon dispersée. En fonction de ce que j'appelle « la méthode osirienne », et conformément au mythe selon lequel les parties du corps du dieu assassiné ont été dispersées puis réunies, il convient de rassembler les éléments offerts – textes, symboles, scènes – et d'atteindre une cohérence, dont on tente de dégager le sens profond.

Symbole majeur présent à Dendera : le célèbre zodiaque. L'original a été transporté au Louvre, nous n'en voyons ici qu'une copie. L'astrologie faisait partie des sciences sacrées pratiquées par les anciens Égyptiens, et l'on rappellera qu'elle a été longtemps enseignée en Occident, même dans les universités, jusqu'à ce que s'impose le rationalisme, opposé à toute pensée symbolique.

Si le zodiaque s'intègre aux mystères osiriens, c'est qu'il dévoile l'architecture secrète de l'univers, composé de douze signes et de trente-six décans, les trente-six chandelles qui éclairent le chemin menant à la connaissance du cosmos. Né du corps immense de Nout, la déesse-ciel, cet ensemble de symboles évoque le corps complet d'Osiris, ressuscité au-delà de la mort, qui est dispersion et rupture.

La tête entourée d'étoiles, le visage d'Hathor, qui s'incarne dans une vache dispensant le lait céleste, continue à répandre l'or de son sourire, et la musique des sphères à résonner dans son temple.

— 23 —

LES HIRONDELLES DU LAC SACRÉ

Karnak, le temple des temples où le maître des lieux, Amon-Râ, accueille les autres divinités, dont Osiris, qui voit ses mystères célébrés dans de petits édifices souvent fermés au public, comme le remarquable sanctuaire de la déesse Opet, garante de la fécondité spirituelle.

Les occupations perse et romaine n'ont pas épargné Karnak, « le ciel sur la terre ». Les ancêtres des Iraniens ont pillé et détruit, les légionnaires romains ont prélevé un maximum d'obélisques pour les transporter dans leur capitale, comme ornements dignes d'intérêt. Sait-on que Rome est la ville qui compte le plus d'obélisques égyptiens, dont celui de Thoutmosis III, le plus haut de tous ?

Karnak meurtri, Karnak oublié, mais Karnak finalement identifié par un voyageur qui avait osé s'aventurer en Haute-Égypte, et Karnak peu à peu ressuscité par des archéologues et des tailleurs de pierre, dont des Compagnons du tour de France, qui restaurent patiemment les chefs-d'œuvre de leurs ancêtres.

Comment ne pas partager l'émotion de Champollion en découvrant Karnak ? « Là m'apparut toute la magnificence pharaonique, écrit-il, tout ce que les hommes ont imaginé et exécuté de plus grand. [...] aucun peuple ancien ni moderne n'a conçu l'art de l'architecture sur une échelle aussi sublime, aussi large, aussi grande, que le firent les vieux Égyptiens ; ils concevaient en hommes de cent pieds de haut, et l'imagination qui, en Europe, s'élance bien au-dessus de nos portiques, s'arrête et tombe impuissante au pied des cent trente-quatre colonnes de la salle hypostyle de Karnak. »

Karnak est l'œil du créateur de l'univers, le lieu où bat son cœur. Je lui ai consacré bien des pages, après avoir exploré cet immense domaine sacré en tous sens, et je ne retiendrai dans ce carnet de croquis que quelques moments forts.

L'un d'eux est la vision du lac sacré, le plus grand d'Égypte : quatre-vingt-huit mètres sur cent trente. Émergence terrestre du *noun*, l'océan d'énergie primordial, il fournissait l'eau nécessaire aux purifications quotidiennes des ritualistes. Les barques divines y circulaient lors de cérémonies osiriennes et, selon la légende, le lac sacré s'illumine encore une fois l'an. Apparaît une barque d'or, dont les rameurs sont des statues, également en or. Accomplie, l'œuvre alchimique – Osiris étant « l'accomplissement parfait de l'or » – continue à se transmettre. Le sanctuaire que l'on appelle « Taharqa-du-lac », du nom d'un pharaon noir très attaché à la Tradition, est précisément consacré aux mystères osiriens, pendant lesquels l'esprit divin renaît sous la forme d'un acacia.

Sur l'un des bords du lac sacré, de modestes constructions n'attirent guère l'attention des touristes. Pourtant, ces demeures abritaient les « grands prêtres » de Karnak, les rares personnes autorisées à résider dans le temple. Ce dernier n'était nullement comparable à une mosquée, une synagogue ou une église. Pas de fidèles, personne à convertir. Le temple égyptien, répétons-le, est une centrale d'énergie spirituelle que doivent entretenir des spécialistes hautement qualifiés. À la tête de leur hiérarchie, les « serviteurs de Dieu », également chargés de veiller sur les richesses du temple – champs, troupeaux, productions artisanales – et d'organiser le travail de milliers d'employés, bien rémunérés.

Au cours des siècles pendant lesquels brilla Karnak, un petit nombre d'êtres furent appelés à remplir ces lourdes fonctions. Nul ne s'en plaignit, au contraire. L'un d'eux, Bakenkhonsou, serviteur du dieu lunaire Khonsou, voyageur de l'espace et déclencheur des actes, a laissé un émouvant témoignage. Pour lui, chaque matin était plus merveilleux que le précédent et, approchant d'un très grand âge, il se réjouissait de pouvoir à nouveau, au réveil, contempler le lac sacré et se préparer à diriger le rituel de l'aube, avant d'accomplir sa tâche jusqu'au couchant.

L'aube et le couchant, deux moments magiques que ne manquent pas de célébrer les hirondelles, en dansant dans le ciel avec une grâce et une rapidité inimitables. En hiéroglyphique, l'hirondelle se nomme *our*, « le grand », comme les dignitaires au service du pharaon. Et l'âme de ce dernier monte au ciel sous la forme de cet oiseau qui se raréfie dangereusement. Combien de temps les hirondelles continueront-elles à jouer au-dessus du lac sacré ?

— 24 —

L'OGRESSE DE KARNAK

En règle générale, les touristes parcourent Karnak dans l'axe ouest-est et découvrent tant de merveilles, dont la salle hypostyle et le lac sacré, qu'ils n'ont plus le temps de s'aventurer dans d'autres endroits du temple, moins réputés.

Il en est un, pourtant, qui m'a attiré depuis mon premier voyage : le temple de Ptah. Ptah, créateur du monde par le Verbe et maître des artisans. Sur les parois de son sanctuaire est mentionné Imhotep, le bâtisseur de la pyramide à degrés de Saqqara, seul et unique maître d'œuvre de tous les édifices sacrés égyptiens.

Quelques palmiers cachent la résidence de Ptah, sans cesse entretenue jusqu'à l'époque ptolémaïque. En comparaison avec l'aspect colossal des autres monuments de Karnak, celui-là semble presque intime. Bien conservé, il mérite l'attention tout au long d'une journée, et selon les saisons, afin d'apprécier les jeux de lumière dans la partie qui précède le temple couvert.

Et c'est là que réside une statue très particulière, non dans la chapelle de gauche, vide, ni dans celle du milieu, réservée à Ptah, mais dans celle de droite, plongée dans l'obscurité. Maniant un panneau recouvert d'aluminium, un gardien sera ravi de capter la lumière provenant d'une lucarne percée dans le plafond pour la projeter sur une extraordinaire statue : une femme debout, à tête de lionne, couronnée d'un soleil, et tenant un sceptre dans la main droite.

Nous voici en présence de l'ogresse de Karnak, la déesse Sekhmet, qui ne dut sa survie qu'à cette sinistre réputation. Même l'Occidental contemporain, en l'apercevant, est impressionné. Les Arabes, eux, estimaient qu'elle rendait les femmes stériles, et qu'il valait mieux ne pas s'en approcher.

Qui est donc cette Sekhmet, dont le nom signifie « maîtrise », « exercer le pouvoir » ? Elle n'est autre que l'épouse de Ptah, auquel elle confère la puissance indispensable pour que le Verbe devienne chair. De plus, la redoutable déesse est chargée par Râ, lumière divine, d'exterminer la race humaine, qui préfère les ténèbres. En raison de l'intercession de Thot, la Connaissance, le châtiment n'ira pas jusqu'à son terme. Néanmoins, la Terrifiante propage épidémies et maladies ; mais elle est aussi la patronne des médecins, qui apprennent d'elle l'art de les combattre !

À Karnak, au nord de l'aire sacrée, dans le temple de Mout, à la fois « Mère » et « Mort », avaient été installées, sous le règne d'Amenhotep III, deux séries de 365 statues de Sekhmet, qu'il fallait apaiser rituellement tous les jours de l'année, une fois le matin, une fois le soir. La plupart ont malheureusement été détruites, les survivantes dispersées dans les musées.

L'une d'elles, superbe, est conservée dans la salle d'égyptologie du musée d'art et d'histoire de Genève. Et c'est sous sa protection que, lors d'une émission de télévision, j'ai évoqué les aventures de Champollion et de Howard Carter.

Il faut bien l'avouer : Sekhmet n'est pas une humaniste, et la compassion lui est totalement étrangère. Son style consiste plutôt à frapper dur et à voir si l'on résiste. Sa devise pourrait être : « Ce qui ne vous tue pas vous rend plus fort. » Avec elle, on n'endure pas l'épreuve, on l'affronte. En cas de succès, elle accorde puissance et maîtrise.

— 25 —

LA PORTE D'ORIENT

Peu de visiteurs se rendent à l'orient de Karnak, car cette partie du temple semble dégradée et apparaît moins grandiose que les autres chefs-d'œuvre de l'aire sacrée. C'est pourtant là que, lors de mes séjours dans la région thébaine, je ne manque jamais de me rendre pour passer de trop courtes heures.

L'obélisque unique de Thoutmosis IV évoquait la pierre primordiale d'Héliopolis, la « cité du soleil », base fondamentale de l'ensemble des édifices sacrés. Hélas, le sanctuaire oriental proprement dit a disparu, mais subsistent de remarquables petites chapelles, estampillées par le sceau d'Osiris. Elles préservent des rites que célèbrent les Divines Adoratrices, une dynastie de femmes qui régnèrent sur Karnak pendant les XXVe et XXVIe dynasties.

Naguère, il fallait écarter des herbes folles pour pénétrer dans ces chapelles oubliées et attendre une bonne lumière, afin de déchiffrer hiéroglyphes et scènes. Ici, Osiris, « régent de l'éternité », révèle certains de ses secrets. Songeons notamment à une superbe « fausse porte », selon la terminologie archéologique, qui est, en vérité, la plus vraie et la plus essentielle des portes. Au terme de sept passages successifs, du plus vaste au plus étroit, s'ouvrent les sentiers de l'invisible et de l'au-delà.

Borne ultime de l'immense Karnak, la monumentale porte d'Orient, haute de dix-neuf mètres, fut érigée par l'un des derniers pharaons indépendants, Nectanébo Ier. Comme il se doit, ses parois sont couvertes des actions majeures du roi, à savoir les offrandes aux dieux. Sans elles, aucune harmonie possible sur terre. Selon Paul Barguet, grand connaisseur de Karnak, c'est de la porte d'Orient que part le mouvement qui fait onduler le gigantesque mur d'enceinte, telle une vague protectrice émanant de l'océan d'énergie.

Pour les anciens Égyptiens, l'Orient n'est pas un lieu de tout repos. Certes, la lumière y naît d'elle-même et engendre la vie ; mais elle est liée à un feu qui dévore les impuretés et le périssable.

Solution proposée par les textes : devenir de la nature de ce feu, participer à son jaillissement. Karnak entier nous y invite.

Au cours de notre existence, ne franchissons-nous pas de nombreuses portes, de la naissance à la mort ? Le grand temple d'Amon les concrétise et nous convie à en prendre conscience.

La porte d'Orient est immense. Se recueillir devant elle, la contempler lorsqu'elle se dore des rayons du couchant, est un privilège tout aussi immense. Nous avons suivi les chemins du temple afin de parvenir jusqu'à elle, afin de voir ce que nous pensions invisible, cette porte aux dimensions qui nous dépassent. Et pourtant, elle est là et largement ouverte !

— 26 —

L'AFFAIRE TOUTÂNKHAMON

Chaque fois que je pénètre dans la Vallée des Rois, je songe à Jean-François Champollion auquel je dois tant. Sans sa prodigieuse découverte, la clé de lecture des hiéroglyphes, si difficile à trouver, l'égyptologie n'existerait pas ; temples, tombes et papyrus seraient demeurés muets. Quel combat il a dû mener, sans guère de reconnaissance, lui qui fut l'un des plus grands génies de l'histoire de l'humanité. Ressusciter une civilisation entière, faire revivre plusieurs millénaires !

En 1986, Champollion était presque totalement oublié. Ayant lu avec étonnement son œuvre, composée d'ouvrages scientifiques, de notes de voyages et de lettres, j'ai voulu lui consacrer un essai – qui, par une sorte de magie, s'est transformé en roman – qui relate son unique voyage en Égypte, où il a pu vérifier, étape après étape, la justesse de sa vision. *Champollion l'Égyptien*, paru dans des conditions rocambolesques (grèves, froid polaire, etc.), toucha peu à peu le cœur des lecteurs, jusqu'à devenir un *long-seller*, constamment réédité. En mettant mes pas dans ceux de mon saint patron, j'ai bénéficié de son amitié et de son affection, et je perçois la portée de son propre aveu : « L'Égypte est tout pour moi, je suis tout à elle. »

Champollion avait hâte d'atteindre Thèbes, de contempler Karnak et d'explorer la Vallée des Rois, où il résida ! Installé dans une demeure d'éternité, il lisait les textes et écoutait « la voix des ancêtres ».

« La grande prairie » : telle était l'appellation égyptienne de ce lieu absolument aride, une vaste cuvette entourée de falaises. Un trait d'humour antique ? Bien que les sujets de Pharaon n'en fussent pas dépourvus, il s'agit là d'une allusion aux verts paradis auxquels accèdent les âmes des justes.

Parmi eux, une star hors norme, à savoir Toutânkhamon, souvent qualifié à tort de « petit roi », alors qu'il joua un rôle décisif : il rétablit

En hiéroglyphes, le même mot signifie « amour » et « pyramide ».

Où est l'énergie spirituelle,
sinon dans les pyramides ?

Voir loin,
du haut de la muraille du temple.

C'est un chien, Anubis,
qui connaît les beaux chemins de l'autre monde.

Quand Françoise rencontre
Hathor, la déesse de l'amour.

Sortir la tête d'une chapelle secrète.

Sur le toit du temple.

Entre les colonnes du temple.

Quand Françoise escalade une pyramide.

Photographes au travail
dans une demeure d'éternité.

Michel

Rolland

En panne dans le désert, et le miracle de Michel.

Sur le seuil
du sanctuaire
des bâtisseurs
de la Vallée des Rois.
TEMPLE
DE
DEIR EL MEDINEH
EPOQUE PTOLEMAIQUE

Valérie-Anne Giscard d'Estaing et Sylvie Vartan,
alors que je fais le signe du *Ka,* énergie vitale.

Mireille Darc et Bernard Fixot devant le temple des artisans.

Un banquet unique dans la salle des fêtes
du temple de Louxor.

En compagnie d'Edith Leblond, aujourd'hui à la tête de XO Éditions.

Percerons-nous l'énigme des pierres vivantes ?

l'harmonie en Égypte après les dangereux errements d'Akhénaton, aux conséquences terribles.

Voilà longtemps, il était possible de visiter la tombe de Toutânkhamon et d'étudier tranquillement les scènes fort intéressantes qui décrivent les rites menant à son entrée dans l'éternité. Certes, il doit sa notoriété à un événement exceptionnel : la découverte de sa tombe, la seule de la Vallée des Rois qui contenait encore son « trésor », c'est-à-dire son équipement pour le grand voyage, qui allait des chapelles d'or, dont les textes annoncent la naissance de la lumière, jusqu'à de la nourriture momifiée, donc sacralisée et permanente.

Être face au masque d'or, pourtant si connu, est toujours une expérience incroyable. La plus belle des photos ne saurait transmettre le rayonnement et la magie qui en émanent.

À qui devons-nous tant de merveilles ? D'abord à Toutânkhamon lui-même, à son entourage et à ses artisans. Ensuite, à un archéologue autodidacte, l'Anglais Howard Carter, qui passa l'essentiel de son existence, au prix de mille difficultés, à rechercher la tombe disparue d'un pharaon oublié.

En 1822, Champollion déchiffre les hiéroglyphes. En 1922, Carter découvre la demeure d'éternité de Toutânkhamon. Deux destins exceptionnels, deux êtres qui sacrifièrent tout à leur intuition, en la fondant sur un travail acharné. L'un et l'autre eurent à lutter contre la médiocrité, la bêtise et la jalousie.

Dans mon roman *L'Affaire Toutânkhamon*, qui me valut un prix littéraire réputé « populaire », j'ai tenu à décrire le difficile parcours de Carter, qui ne lâcha jamais prise, en dépit des obstacles placés sur sa route. Sans sa persévérance, une rare vertu, nous ne bénéficierions pas d'un trésor unique, qui n'a pas encore livré tous ses secrets. Certains objets n'ont pas été étudiés avec une attention suffisante, et les textes fondamentaux des chapelles d'or restent à expliciter. Du travail pour de futurs égyptologues, qui ouvriront leur cœur et leurs yeux.

— 27 —

DANS LE LABORATOIRE D'UN ALCHIMISTE

Difficile d'approuver les méthodes de l'ex-lutteur de foire Belzoni qui, reconverti en archéologue, avait tendance à utiliser la dynamite pour s'introduire dans une pyramide ou une tombe. Ce bémol exprimé, c'est à ce bulldozer, géant enthousiaste, que l'on doit une découverte majeure, celle de la plus grande tombe de la Vallée des Rois, la prodigieuse demeure d'éternité de Séthi Ier, le père de Ramsès II.

Faciles à repérer, les tombes de l'époque ramesside ont été pillées, voire dévastées. Bien que les trésors de celle de Séthi Ier eussent été emportés, son emplacement, que ne signalait aucun dispositif architectural du style d'un portique, avait été oublié.

Belzoni sua sang et eau pour atteindre, dix-huit pieds au-dessous du niveau du sol de la Vallée, un accès fermé par de grosses pierres. Et son jugement, lorsqu'il contempla ce royaume de l'au-delà, fut pertinent : « un des plus beaux et des plus vastes monuments de l'antique Égypte qui s'est trouvé si bien conservé que l'on aurait dit qu'on venait de le finir un peu avant notre entrée ».

Aussi connue que la chapelle Sixtine, la tombe de Séthi Ier ? Eh bien non, pour diverses raisons, la première étant qu'elle n'a pas été si souvent autorisée à la visite. J'ai dû batailler ferme pour avoir la possibilité d'y passer des heures qui parurent des instants. Alors que les siècles avaient épargné les bas-reliefs peints, des fuites provenant de toilettes installées au-dessus avaient provoqué des dégâts. Et l'afflux de touristes aurait aggravé la situation.

Inexplicable à mes yeux : la seule publication concernant ce chef-d'œuvre date de 1991 et ne comporte que des photographies en noir et blanc de Harry Burton, prises en 1921, alors que les parois et les salles éclatent de couleurs ! Quand une équipe d'égyptologues se décidera-t-elle enfin à nous fournir une publication complète, avec de bonnes photos en couleurs et une traduction des textes ? Il n'y a vraiment pas besoin d'aller loin pour découvrir des trésors négligés.

Avec mon équipe, dans des conditions toujours difficiles, nous avons répertorié certaines scènes, mais c'est insuffisant. Séthi Ier, à Abydos comme dans la région thébaine, offre l'exceptionnel. Par tous les dieux, que d'enseignements dans cette tombe, en réalité un lieu de vie d'une formidable intensité ! Les titres des textes : le *Livre de la chambre cachée* (*amdouat*), les *Litanies de la lumière divine* (Râ), le *Livre des portes*, le *Livre de la vache céleste*, le *Rituel de l'ouverture de la bouche*. L'ensemble est illustré de manière admirable, jusqu'à la chambre de résurrection, surmontée d'un plafond consacré au cosmos.

Nous sommes dans le laboratoire d'un alchimiste. De petites salles décrivent d'ailleurs les étapes de la mutation de la matière en Esprit, grâce au réglage des feux. Objectif : la transmutation de la mort en vie.

Séthi Ier reposait dans un grand sarcophage en albâtre, une originalité supplémentaire. Hélas, il ne se trouve plus dans sa résidence de la Vallée des Rois, mais dans un musée de Londres, l'ex-demeure d'un notable, John Soane, qui avait réussi à l'acquérir, le British Museum ne jugeant pas la pièce digne d'intérêt ! Gisant dans une cave, le sarcophage a souffert de l'humidité et les inscriptions sont devenues presque illisibles à l'œil nu. Au moins, il a été préservé et, lors de mes séjours dans la capitale britannique, il demeure un passage obligé.

— 28 —

UN PHARAON ÉCRIVAIN

J'ai toujours éprouvé une admiration particulière pour Thoutmosis III, qui gouverna plus de trente ans au XVe siècle avant notre ère. Lui, l'amateur de textes anciens et de rituels, le savant, fut appelé, dès le début de son règne, à défendre son pays contre une coalition décidée à l'envahir. Sans expérience militaire, il se fia davantage à son intuition qu'à ses généraux, obtint une victoire décisive et réussit ensuite à maintenir la paix.

Il existe trois endroits où l'on peut communier avec la pensée de Thoutmosis III : deux à Karnak, un dans la Vallée des Rois.

Le premier est la petite salle d'un temple, malheureusement assez ruiné, que l'on appelle « le jardin botanique », parce que l'on voit gravés de nombreux végétaux – ainsi que des animaux. De fait, le roi était botaniste et, lors de ses campagnes militaires à l'étranger, la plupart préventives, il observait flore et faune, et réalisait des croquis. À partir d'eux, les sculpteurs immortalisèrent dans la pierre quantité de végétaux, sans omettre des anomalies, voire des maladies qui les affectaient.

N'oublions pas que ce « jardin botanique » est une salle de temple et non le laboratoire profane d'un érudit. Thoutmosis III ne cherchait pas à exposer sa science mais à intégrer la nature entière, avec ses beautés et ses imperfections, à son domaine sacré. Un magnifique appel à la transcendance, qu'illustre la maxime de Rabelais, alchimiste et médecin : « Science sans conscience n'est que ruine de l'âme ».

Deuxième haut lieu de Thoutmosis III, toujours à Karnak, et proche du premier : un temple entier, récemment restauré, qui porte un nom significatif : l'*akhmenou*, « le lumineux de monuments ». Le mot *menou*, « monuments », « ceux qui sont stables », est associé à l'un des termes les plus importants de la pensée égyptienne, *akh*, « lumineux », « être utile ». Devenir *akh*, pour un humain, c'est accéder au suprême état spirituel, la communion avec la lumière.

Dans ce sanctuaire si particulier de Karnak étaient initiés aux grands mystères les principaux serviteurs d'Amon, « le Caché », maître de l'aire sacrée. Au cours des siècles pendant lesquels brilla Karnak, un petit nombre d'êtres vécurent ces rituels, qui leur permettaient d'accéder à la Connaissance, essentielle aux yeux du pharaon.

Troisième lieu à privilégier pour se sentir proche de lui et bénéficier de son aura : sa tombe de la Vallée des Rois, située dans une anfractuosité de la falaise, à dix mètres de hauteur. Même en utilisant les escaliers modernes, il vaut mieux être en relativement bonne condition physique pour l'atteindre. Au terme de l'ascension, on ne regrette pas ce petit effort.

La demeure d'éternité de Thoutmosis III se compose de deux salles, dont chacune a une vocation précise. La première recense les sept cent soixante-quinze forces qui engendrent quotidiennement la lumière transmise par le soleil. La seconde est un livre inscrit sur les parois, un papyrus déroulé, l'*Amdouat*, à savoir ce qui se déroule dans la *douat*, monde intermédiaire, chambre cachée du cosmos et matrice stellaire. Pas de figures colorées comme chez Séthi Ier, mais un travail de scribe et de dessinateur. Aucun doute : l'auteur est Thoutmosis III, dont on sait qu'il scrutait les écrits anciens et avait un don pour le dessin, tant pour le tracé des plantes que pour celui des hiéroglyphes.

Nombre de pharaons sont des écrivains, auteurs d'enseignements et de recueils de maximes ; Thoutmosis a formulé son éternité dans un livre initiatique et symbolique, qui relate les combats de la barque solaire pendant les heures de la nuit, la victoire de la lumière sur les ténèbres et la renaissance d'un nouveau soleil à l'aube.

En écrivant le roman que je lui ai consacré, *Pharaon. Mon royaume est de ce monde*, j'ai tenté de mettre en valeur deux notions que Thoutmosis III a incarnées avec force. D'abord, l'importance de l'institution pharaonique : Pharaon est le « grand temple », qui accueille et protège tous les êtres. Aussi la chambre de résurrection de ce roi a-t-elle la forme de ce que l'on appelle un « cartouche », ovale plus ou moins allongé qui contient les noms du souverain et symbolise le cosmos. Ensuite, le devoir primordial selon les pharaons : lier ciel et terre, invisible et visible, spirituel et temporel. Si le royaume en

Esprit n'est pas de ce monde, alors ce dernier devient invivable, livré à la violence et à l'injustice. En faisant régner l'harmonie de Maât sur terre, Thoutmosis III, loin de la dédaigner, lui a offert son amour.

— 29 —

SOUS L'ACACIA D'OCCIDENT

Dans toute existence, il y a des moments de fulgurance, des tournants parfois risqués qu'il faut savoir négocier, des « points d'assemblage », selon l'expression de Carlos Castaneda. Des chemins s'ouvrent, on recule ou l'on s'y engage, sans grande visibilité. À l'intuition de jouer.

Ces changements, toujours aventureux, j'en avais déjà vécu quelques-uns, sous l'impulsion et avec l'approbation de Françoise, qui ne s'est jamais trompée. Sous la protection de Champollion, une vie d'écriture et d'égyptologie, débutée à l'âge de treize ans, s'était épanouie à la quarantaine.

Mais je n'étais pas au bout de mes surprises. Après le succès inespéré de ma trilogie *Le Juge d'Égypte*, j'étais en mission sur la rive occidentale de Thèbes, qu'une longue vie ne suffit pas à explorer, tant les tombes et les temples des millions d'années regorgent de merveilles.

Celui de Ramsès II, le Ramesseum, a beaucoup souffert. Il n'en subsiste qu'une modeste partie, par rapport à un ensemble monumental. Le temple proprement dit était entouré d'ateliers, d'entrepôts et même d'une école.

Étrange destin que celui du plus célèbre des Ramsès, deuxième du nom. « Celui qui est né de la lumière divine » succéda à un père hors norme, Séthi Ier, et sut se montrer digne de lui. Ramsès le Grand régna soixante-sept ans et maintint la paix au Proche-Orient, après la mythique bataille de Kadesh contre les Hittites, au cours de laquelle, trahi et isolé, il se retrouva au milieu de milliers d'ennemis, promis à une mort certaine synonyme de la destruction de l'Égypte. Alors, il leva les yeux vers le ciel et implora Amon : « Mon Père, pourquoi m'as-tu abandonné ? » Ce père-là entendit la voix de son fils et ne l'abandonna pas. Au contraire, il anima son bras et, faisant de lui le Un, dépositaire de l'harmonie, lui donna la force de vaincre.

Selon une enquête d'opinion, Ramsès II est le souverain le plus connu du monde. Bâtisseur par excellence, il incarne toute la puissance de l'institution pharaonique.

Malheureusement, les deux monuments principaux visant à façonner son éternité ont subi d'irrémédiables dommages. Pillée, sa tombe a été détruite, à la fois par des vandales et par l'envahissement de débris divers, que provoquèrent les terrifiants orages qui frappent périodiquement la Vallée des Rois, formant des oueds dévastateurs. De ses colosses du Ramesseum perdure une tête géante au sourire apaisé. Mais Abou Simbel et la gigantesque salle hypostyle de Karnak, notamment, nous rappellent la splendeur de Ramsès II, dont la capitale établie dans le Delta, la belle et riche Pi-Ramsès, a entièrement disparu.

Pendant son long règne, assisté de personnalités remarquables, Ramsès II a beaucoup construit et, surtout, beaucoup restauré, grâce au « prince égyptologue », son fils Khâemouaset, « Celui qui apparaît en gloire dans Thèbes », magicien initié aux mystères d'Héliopolis, très attentif aux monuments du temps des pyramides, dont celle d'Ounas, que nous avons évoquée.

Le soleil était presque à son apogée, la chaleur accablante. Le feuillage d'un acacia, poussé dans la grande cour du Ramesseum, offrait une ombre bienfaisante. Selon la symbolique égyptienne, l'acacia qui s'épanouissait sur la tombe d'Osiris annonçait sa résurrection.

Et c'est là que me revint en mémoire l'idée folle qui m'avait traversé l'esprit, lors de mon premier voyage, quand j'avais contemplé le colosse couché de Ramsès, sur le site de Memphis : le redresser.

Je disposais d'un moyen cher aux anciens Égyptiens : l'écriture. Ramsès n'avait-il pas fait appel à un scribe pour narrer, à Kadesh, sa victoire de la lumière sur les ténèbres et de l'harmonie sur le chaos ?

Et le projet s'imposa, aussi impérieux qu'improbable : puisque Pharaon avait cinq noms, j'écrirais cinq tomes sur Ramsès, en essayant d'évoquer les multiples facettes de son destin. Je n'imaginais ni le tourbillon médiatique ni le succès planétaire que ce projet, peu raisonnable, allait engendrer. Mais le véritable responsable n'était-il pas Ramsès lui-même qui, à travers chacune de ses apparitions, continue à fasciner ?

Sous l'acacia d'Occident est le titre du cinquième et dernier volume de « mon » Ramsès. En écrivant la dernière page de cette épopée traduite en un grand nombre de langues, et qui m'a valu plusieurs voyages, j'ai été plus qu'ému. Dans l'encre, il y a de la chair, du sang, de la pensée et de l'amour. Sous l'acacia d'Occident, les aléas du quotidien s'estompent, un au-delà se dévoile, dans la paix de l'âme.

— 30 —

SEULS AVEC NÉFERTARI

Puisque nous sommes en Égypte, où les femmes ont joué un rôle majeur dès l'origine des dynasties, il est normal qu'à la Vallée des Rois corresponde une Vallée des Reines, sur la rive ouest de Thèbes. Un site très différent, qui ne se présente pas comme une sorte de chaudron entouré de falaises, mais comme un vallon à l'abri d'une montagne où réside la déesse Hathor.

C'est là, en 1904, que fut découverte la demeure d'éternité de Néfertari, « La Belle entre les belles », Grande Épouse royale de Ramsès II. Néfertari, « Celle pour laquelle le soleil se lève », la femme tant aimée à laquelle son époux dédia un temple entier, à Abou Simbel.

Je suis conscient de l'un de mes nombreux défauts : sur chaque site égyptien, j'ai tendance à déclarer : « C'est le plus beau ! » Et bien sûr, comment, lorsqu'on visite la tombe de Néfertari, ne pas affirmer que c'est la plus belle jamais créée, avec quelques autres ?

Si la dernière demeure de la reine, pillée, ne contenait plus, lorsqu'elle fut découverte, aucun des objets de son équipement pour l'au-delà, son principal trésor est intact : les bas-reliefs peints, d'une ampleur et d'une beauté exceptionnelles.

En réalité, une tombe-temple, qui comprenait des salles menant à « la demeure de l'or », où la momie de Néfertari, qui n'a pas été retrouvée, était régénérée.

Après l'ouverture de la tombe, la situation se dégrada, et l'on s'inquiéta pour sa préservation. Une heureuse et minutieuse restauration, grâce à des fonds privés, permit de faire renaître les couleurs. Précaution imposée : restreindre le nombre de touristes, et même la durée de leur visite, réduite à quelques minutes.

Les autorités locales nous offrirent, à Françoise et à moi, un beau cadeau lors de l'un de nos séjours : une grande heure, seuls avec Néfertari.

D'excellentes photographies illustrent la splendeur de l'endroit, mais ne sauraient remplacer un cheminement sur place, les yeux émerveillés. Rien d'historique ni d'anecdotique dans les scènes et les textes, qui narrent le parcours initiatique de cette grande reine. Pas à pas, nous avons pu le revivre, en suivant les mutations symbolisées par le dieu à tête de scarabée, Khépri, « Celui qui devient ». Guidée par Hathor, souveraine du voyage céleste, Néfertari franchit plusieurs portes, dont elle connaît le nom, ainsi que celui de leurs impitoyables gardiens.

À l'instar de la déesse qui a tissé le monde, Néfertari a créé des étoffes, qu'elle offre à Ptah, patron des artisans ; et elle reçoit une palette de scribe de la part de Thot, maître de la Connaissance. Aussi la reine peut-elle affirmer : « Je suis scribe et j'accomplis Maât, la règle de vie. »

Tenant la main d'Isis, Néfertari est initiée aux mystères d'Osiris, et l'un des textes de sa demeure d'éternité nous livre une information essentielle : « Râ – lumière divine – s'accomplit en Osiris ; Osiris – maître de la résurrection – s'accomplit en Râ. » Loin de s'opposer, les deux divinités se complètent, unissant lumière du jour et lumière de la nuit. Et voilà qu'apparaît le phénix, l'oiseau bleu et lumineux, perché sur la pierre primordiale, au premier matin du monde.

La demeure d'éternité de Néfertari est un haut lieu de la spiritualité pharaonique, qui dévoile avec précision les étapes menant vers la communion avec la lumière. Encore faut-il, comme le révèle une scène majeure, connaître la règle d'un jeu vital, celui de la vie en Esprit. Nous voyons la reine assise, devant une petite table sur laquelle se trouvent les pions du *senet*, l'ancêtre de nos échecs. Rien de profane dans cette partie-là, car Néfertari ne joue pas au *senet*, « le passage », avec un humain, mais avec l'invisible, un adversaire aussi rigoureux que redoutable. En faisant progresser ses pions sans commettre d'erreur, elle doit éviter des pièges fatals, franchir des obstacles, écarter les ténèbres et atteindre le terme du chemin, la connaissance de cet invisible, qui l'orientera sur « les beaux chemins de l'éternité ».

— 31 —

PLACE DE VÉRITÉ ET PIERRE DE LUMIÈRE

Il est un endroit cher à mon cœur, sur la rive occidentale de Deir el-Médineh, connu sous l'appellation « village des artisans », et dont le nom égyptien est tout à fait remarquable : *Set Maât*, « la Place de Vérité », Maât pouvant se traduire également par « justesse » et « rectitude ».

Ce qui s'est passé en ce lieu si particulier est encore perceptible. Là, pendant des siècles, vécurent, avec leurs familles, les architectes, les tailleurs de pierre, les dessinateurs et autres artisans d'élite qui créèrent les tombes des Vallées des Rois et des Reines.

Trois types de témoignages : le village proprement dit, de taille modeste, dont subsistent des vestiges qui permettent de voir les plans des maisons, réparties entre des ruelles ; les propres tombes des artisans, façonnées et décorées par eux-mêmes ; enfin, le temple où ils célébraient leurs initiations et se réunissaient, assis sur des banquettes de pierre, afin de traiter des problèmes inhérents à toute société humaine et de préparer leurs plans d'œuvre.

Les « serviteurs de la Place de Vérité » étaient « ceux qui avaient entendu l'appel ». L'égyptologue Bernard Bruyère, qui a passé de nombreuses années à étudier ce site si particulier, les a identifiés grâce aux inscriptions. Devenu l'un de leurs proches, il connaissait aussi leur famille, leur mode de vie et avait exploré leurs caveaux, dont certains monochromes et d'autres rayonnant de couleurs vives.

Entrer dans cette Place de Vérité n'était pas facile. Il fallait faire preuve de certaines qualités, et pas seulement techniques. Bruyère a identifié une hiérarchie comprenant maîtres, compagnons et apprentis, le maître d'œuvre étant le pharaon en personne. Puisque les artisans étaient chargés de creuser et de décorer sa demeure d'éternité, tâche fondamentale, ils bénéficiaient des faveurs de l'État et ne manquaient de rien. Eau, vin, bière, vêtements, onguents, parfums, remèdes leur étaient régulièrement fournis. Chaque jour, notamment, des troupeaux d'ânes leur apportaient des jarres d'eau, aux multiples usages.

Consacrer une fresque romanesque à ces artisans de génie s'imposait. Après avoir tant lu à leur propos et passé tant de journées sur le site, j'éprouvais l'intense désir de faire revivre leur aventure, à travers quelques caractères bien trempés. Si le titre général fut *La Pierre de lumière*, c'est en raison de la conception qu'avaient ces êtres d'exception du matériau qu'ils utilisaient. Pour eux, la pierre n'était pas inerte, au contraire ; elle contenait une lumière qu'il fallait apprendre à percevoir et que, bien taillée et bien ajustée, elle continuerait à émettre siècle après siècle. Et tel est bien le cas.

Une merveilleuse surprise nous attendait, Françoise et moi. Dans le cadre de la préparation d'une émission de télévision, où Jean-Pierre Foucault m'a permis d'évoquer l'univers des artisans, les autorités nous ont accordé une faveur : nous autoriser à pénétrer dans deux tombes fermées depuis longtemps et à y rester longuement, de manière à goûter chaque détail et à lire les inscriptions hiéroglyphiques. Quel bonheur inespéré !

Une découverte non dénuée d'intérêt : Maât, la règle d'harmonie de l'univers, est toujours incarnée par une femme. Sur sa tête, une plume, la rectrice, qui permet aux oiseaux de s'orienter. Or, des textes mentionnent « les deux Maât », et bien des théories ont été élaborées pour expliquer cette expression. La réponse, très peu connue, voire ignorée, se trouve dans la tombe d'Arinéfer, artisan de la Place de Vérité. Là sont figurées des expressions de Maât : l'une symbolisée par une femme, l'autre par un homme. Le concept majeur de la pensée égyptienne englobe les deux sexes, dans un mariage à l'échelle du cosmos.

— 32 —

UN BANQUET CHEZ PHARAON

Quand le destin vous accorde la chance d'être lu par de nombreux fidèles, elle s'accompagne d'un certain nombre d'obligations, notamment médiatiques. Ayant été, très jeune, producteur d'émissions culturelles à la radio, puis confronté à l'épreuve des plateaux de télévision et des interviews de formats variés, j'ai toujours tenté d'exprimer mon amour de l'Égypte, quels que fussent mes interlocuteurs.

Avec les cinq volumes consacrés à Ramsès, je me suis beaucoup déplacé. Avec les quatre tomes de *La Pierre de lumière*, une idée incongrue a surgi, lors d'une conversation avec mon éditeur, Bernard Fixot. Et si l'on invitait des médias nationaux et internationaux sur les lieux où se déroulent les romans ? Projet farfelu, mais qui séduisit un Breton, bien décidé à surmonter les obstacles. Et ils ne manquèrent pas, à commencer par le choix de l'hôtel destiné à accueillir des journalistes venus du monde entier. Les engagements pris n'étant pas forcément respectés, l'organisation de ce voyage-là exigea une détermination sans faille et les interventions les plus variées.

Avouons que les coulisses de l'exploit furent plutôt animées ! Passons sur l'acheminement délicat, tout à fait officiel, de quelques caisses de champagne, pour en venir au point d'orgue de plusieurs journées d'entretiens rythmés avec les journalistes : un dîner convivial, mais pas n'importe lequel, et pas n'importe où.

Quelle est la plus célèbre et la plus vaste salle des fêtes de Thèbes, sinon la grande cour du temple de Louxor, capable d'accueillir d'heureux invités, parmi lesquels les représentants des autorités égyptiennes, des stars comme Sylvie Vartan et Mireille Darc, grande admiratrice de la reine-Pharaon Hatchepsout, et d'autres personnalités du monde des médias et des affaires ? Jadis avaient été célébrées ici des fêtes somptueuses, mais je ne supposais pas que, la nuit tombée, autorisation nous serait accordée d'y banqueter. Et ce fut pourtant le cas, après que j'eus reçu une distinction honorifique de la ville de Louxor pour y avoir attiré de nombreux touristes.

Deux problèmes, cependant. Le premier : cette inégalable salle des fêtes est à ciel ouvert. Le second : les nuits du printemps égyptien peuvent être assez fraîches, surtout quand souffle le vent. Et, les jours précédant la date prévue, une bise libyenne glaçait l'atmosphère.

Solution raisonnable : annuler. Raisonnable, mais catastrophique. Invitations lancées, des semaines de préparation anéanties. Suggestion de Bernard Fixot pour sortir de l'impasse : implorer le dieu du vent, grâce à la formule adéquate, de le faire cesser. Ne me rendant jamais en Égypte sans un certain nombre de textes, je disposais d'un hymne à Amon, ce dieu caché, dont la présence, invisible, se révèle lorsque le vent, dont il est le maître, gonfle les voiles des bateaux.

Quand elle est transmise par les anciens Égyptiens, la magie du Verbe n'est pas un vain mot. Amon, vénéré tant à Karnak qu'à Louxor, accéda à ma requête. Les mauvais souffles cessèrent le soir même du banquet, et les invités ne gelèrent pas. Autre espoir concrétisé : à ma demande, un quatuor de musiciens égyptiens inaugura la soirée en jouant du Mozart, mon compagnon de chaque jour, auteur d'un opéra intitulé *Thamos, roi d'Égypte*, qui préfigure la sublime *Flûte enchantée*, où sont évoqués les mystères d'Isis et d'Osiris.

Comme il se devait, il y eut des discours officiels. Le mien fut bref, et consista en remerciements émus aux deux propriétaires du temple, qui nous accueillaient entre les colonnades et sous les étoiles : Amenhotep III et Ramsès II.

Bernard Fixot, son épouse, Valérie-Anne Giscard d'Estaing, Édith Leblond qui dirige aujourd'hui les éditions XO et l'irremplaçable Catherine de Larouzière ont passé plusieurs nuits blanches en préparant cet événement autour de *La Pierre de lumière*. Il a fallu déplacer quelques montagnes et faire confiance à des divinités influentes.

De mon côté, bien qu'en apnée pour tenter de répondre aux mille et une questions qui m'étaient posées, j'étais heureux de faire découvrir à de nombreux journalistes « la Place de Vérité » et ses fabuleux artisans. Chacun se souviendra, je pense, d'avoir été convié à dîner, pour une seule et unique fois, dans la salle des fêtes du roi des dieux.

— 33 —

LES DIVINES ADORATRICES

Le « temple des millions d'années » le mieux conservé de la rive ouest de Thèbes est Médinet Habou, qui porte le nom de « Celui qui se joint à l'éternité ». Cher à Michel, cet imposant édifice a été bâti par Ramsès III, lequel s'inspira du Ramesseum, le temple des millions d'années de Ramsès II. Le troisième de cette lignée sauva l'Égypte de deux tentatives d'invasion, et Médinet Habou demeurera un refuge jusqu'à l'extinction de la civilisation pharaonique.

Lors d'une première visite – et même des suivantes – on est frappé par la puissance des pylônes, les dimensions des vastes cours, l'abondance des scènes rituelles, qui décrivent, notamment, de somptueuses fêtes dirigées par le couple royal. Le nettoyage des parois a fait renaître des couleurs et facilité la lecture des textes de ce grand livre de pierre.

On est naturellement attiré par l'axe central, qui traverse les cours et franchit les portes vers l'orient du temple. Aussi les visiteurs négligent-ils souvent des édifices construits à l'intérieur de l'enceinte, et ainsi protégés, par exemple l'admirable sanctuaire de Thoutmosis III, érigé à l'emplacement de la butte primordiale où repose l'ogdoade, formée de quatre couples créateurs.

Ce sont d'autres édifices, d'apparence modeste, qui m'ont procuré une émotion particulière, des chapelles qui n'attirent guère l'attention. Elles datent de l'époque des Divines Adoratrices. Des temps relativement troublés, le Nord qui subit des influences étrangères de plus en plus déstabilisantes, le Sud qui s'ancre dans la Tradition. Priorité : préserver la grandeur et la prospérité du domaine d'Amon, en célébrant les rites et en gérant au mieux les richesses.

Les Divines Adoratrices disposaient de pouvoirs régaliens qu'une « mère » transmettait à sa « fille ». Elles dirigeaient les cérémonies à la manière d'un pharaon et furent honorées par des chapelles qui préservèrent leur mémoire.

Présentes dans leur domaine de la rive est, les Divines Adoratrices le furent également sur la rive ouest, précisément à Médinet Habou. Les monuments qu'elles édifièrent comportent un « appel aux vivants », qui nous invite à prononcer leur nom et à leur faire offrande, afin que leur esprit demeure parmi nous. En échange, elles nous accordent un souffle créateur.

En pénétrant dans leur mémorial, je ne m'attendais pas à découvrir des parois couvertes de bas-reliefs et de colonnes de hiéroglyphes gravées avec soin.

Nous voilà en présence des rituels célébrés par ces femmes d'exception, qui visent à assurer la transmission de leur initiation aux mystères. La « fille » honore sa « mère », dont les yeux, les oreilles et la bouche sont ouverts à jamais. Transformée en statue, la défunte, pierre vivante, devient impérissable.

Autre étonnement : la reprise de passages des *Textes des pyramides*, révélés deux millénaires auparavant ! En les déchiffrant, comment ne pas éprouver une reconnaissance infinie à l'égard de ceux et de celles qui, malgré l'épreuve du temps, continuèrent à transmettre la tradition primordiale ?

La dernière Divine Adoratrice fut assassinée par des envahisseurs perses, dont les Égyptiens réussirent à se délivrer. Le message de cette « lignée » féminine, cependant, demeure un trésor inexploité. Souhaitons qu'un égyptologue prenne conscience de l'enjeu et fournisse une publication sur les chapelles de Médinet Habou, avec traduction des textes, à laquelle il faudrait ajouter celle des inscriptions du fabuleux sarcophage de la Divine Adoratrice Ânkhnesnéferibrê, conservé au British Museum. Son nom complexe signifie : « Que Pharaon vive pour elle, parfait est le cœur de la lumière divine ».

— 34 —

LE REGARD DU FAUCON

Si l'on s'en tient à la stricte rationalité, on dira que le grand temple du dieu Horus, à Edfou, a eu beaucoup de chance. Datant de l'époque ptolémaïque, mais édifié à l'emplacement d'un très ancien sanctuaire du temps des pyramides, il est quasiment intact. Un vrai miracle, qui permet aux visiteurs de découvrir un temple égyptien dans toute sa splendeur. D'aucuns ont remarqué que les ritualistes, s'ils pouvaient revenir, trouveraient leur « outil de travail » en parfait état, d'autant que les hiéroglyphes inscrits sur les parois ont préservé les rites, et qu'il suffit de les lire pour leur redonner vie.

Voilà longtemps que je ne crois plus au hasard, trompe-l'œil pour éviter de regarder la réalité en face. Les anciens Égyptiens savaient que tout était signe à déchiffrer. Encore faut-il apprendre à développer des perceptions intuitives que le rationalisme doctrinaire a étouffées, nous rendant infirmes.

Bien sûr, Edfou a été sauvé par les vents de sable, qui ont formé une gangue protectrice, empêchant les envahisseurs de détruire salles, bas-reliefs et colonnes. Des tribus arabes se sont logées au sommet des monticules et n'ont pu s'attaquer qu'aux parties émergées du sanctuaire.

Mais le vrai responsable de cette sauvegarde est tout autre. Il se nomme Horus, le maître des lieux. Horus, « le Lointain », Horus, Un et Trois : oiseau cosmique aux ailes à la mesure de l'univers ; faucon protecteur de l'institution pharaonique, qui se pose sur la nuque de Pharaon, comme le montre la fabuleuse statue de Khéphren au musée du Caire ; Horus, fils d'Isis, la grande magicienne, et d'Osiris ressuscité, non point un humain, mais un faucon.

Toute personne dotée d'un minimum de sensibilité, qui a vu, soit sur le site, soit grâce à une bonne photographie, la statue du faucon Horus couronné en tant que gardien de son temple comprendra de quoi je parle. Nombre de visiteurs, transpercés par le regard du rapace, s'immobilisent un bon moment, se demandant s'il est bien prudent d'aller plus loin. Ils n'ont pas tort car, pour pénétrer dans le sanctuaire, ils doivent être purifiés et avoir reçu certains enseignements. Mais comme ils ne songent pas à détruire et qu'ils bénéficieront, en proportion de leur ouverture de cœur, de la magie des lieux, le redoutable gardien Horus les laisse passer.

Il fallait toute sa puissance pour empêcher les profanateurs de causer des dommages irrémédiables, comme ils l'ont fait sur tant d'autres sites. Ici, le regard du faucon les a éloignés. Et Horus a utilisé les forces de la nature, vent et sable, pour protéger son domaine sacré, à présent dégagé et accessible.

Sachant que leur civilisation millénaire était en train de s'éteindre, à la suite de plusieurs invasions, les ritualistes de l'époque gréco-romaine conclurent que plus aucun pharaon d'origine égyptienne ne régnerait et que le monde ne serait plus gouverné par Maât, la règle d'harmonie, garante de vérité et de justesse. Alors, avant de disparaître, ils décidèrent de tout révéler, mythes, rituels et symboles. Les temples ptolémaïques

– Edfou, Dendera, Kom Ombo, Esna, Philae – sont de gigantesques livres. Les traduire exige de gros volumes, et leurs richesses sont prodigieuses, conservant de très anciennes traditions, à la base de nouvelles formulations.

Lorsqu'on progresse – je recommande le plus lentement possible – vers le fond du temple auquel n'eurent accès qu'un très petit nombre d'êtres, on est attiré par une étrange lumière. Elle provient du naos, le saint des saints, miraculeusement resté à sa place d'origine, bien que ses portes eussent été brisées et la statue en or du faucon, dérobée. On a la sensation que ce naos est en argent massif, dont les reflets nous éblouissent. Le granit a été travaillé par un sculpteur de génie, afin qu'il rayonne. Sommes-nous capables d'estimer cette grâce à sa juste mesure ?

En méditant dans le temple couvert d'Edfou, comment ne pas songer à la Parfaite Réunion, pendant laquelle on célébrait le mariage divin entre Horus, la Puissance et le Masculin par excellence, et Hathor, l'Amour et le Féminin par excellence ? De cette union, magnifiée à l'échelle du cosmos, dépendait l'équilibre de tout un pays et de tout un peuple.

— 35 —

LA GUÉRISON DE L'ŒIL

Bien que dégradé, le temple ptolémaïque de Kom Ombo, dressé sur un promontoire dominant le Nil, a encore fière allure. Il était la dernière étape d'une longue journée de travail, et je voulais bénéficier d'une lumière rasante pour photographier certains bas-reliefs.

Hélas, trop tard ! Le site venait de fermer. Par bonheur, nous étions accompagnés d'une guide ô combien sympathique, mais au fort caractère. Consultant sa montre, elle constata que l'heure légale n'était même pas atteinte, et que l'absence de visiteurs ne justifiait pas cet abus de pouvoir. Aussi apostropha-t-elle un responsable, sur un ton qui n'avait rien d'aimable. Je ne compris pas tout de l'entretien, assez virulent, mais le résultat fut satisfaisant : accès autorisé.

Kom Ombo présente une particularité : c'est un temple double. Une partie est consacrée au faucon Horus, maître de l'air et du feu, et une autre au crocodile Sobek, seigneur des eaux et d'une rapidité fulgurante quand il se déplace sur une berge pour fondre sur sa proie.

Un surprenant bas-relief mérite l'attention, car ce qu'il représente est unique : des instruments de chirurgie. Cette discipline a été pratiquée dès les premières dynasties, et l'on dispose de traités chirurgicaux, qui ne représentent qu'une partie de l'abondante littérature médicale égyptienne.

À quoi servent les instruments du temple de Kom Ombo ? À pratiquer une opération essentielle, vitale pour l'Égypte entière, et même pour la planète : soigner l'œil blessé d'Horus.

Cet œil est omniprésent dans les textes égyptiens. Toute offrande est appelée « œil d'Horus », et le bon fonctionnement de la société pharaonique, tant dans les échanges avec les dieux que dans le domaine économique, repose sur la circulation permanente des offrandes. Les parties de l'œil d'Horus – et les chirurgiens égyptiens connaissaient parfaitement l'anatomie oculaire – fournissent les mesures nécessaires à l'ensemble des activités. Cet œil, l'*oudjat*, doit être sain et complet, afin que le regard du dieu demeure ouvert sur le monde et fasse bénéficier l'humanité de sa lumière. Sans l'œil d'Horus, ne devient-elle pas aveugle ?

En hiéroglyphique, pour dire « créer », on trace un œil. Tout acte créateur repose sur une vision, et celle d'Horus est la plus vaste qui soit. C'est pourquoi il anime le regard du pharaon, lequel recrée quotidiennement une harmonie perpétuellement menacée par les ténèbres. Seul un Grand Voyant comme Imhotep pouvait concevoir la première pyramide en pierre. Et la recommandation « ouvrir l'œil et le bon » restera toujours d'actualité.

— 36 —

LES RAMPES D'ÉLÉPHANTINE

De nombreux souvenirs s'entremêlent dans ma mémoire lorsque je songe à Assouan, proche de l'île Éléphantine et de la première cataracte, autrefois frontière méridionale du pays des pharaons.

Hélas, en raison de la présence du monstrueux haut barrage, le paysage a bien changé. Néanmoins, sur Éléphantine, le cœur du site ancien, on se prend à rêver, en parcourant les ruines, à la puissance du dieu-bélier Khnoum qui, en soulevant ses sandales, libérait la crue du Nil, tant attendue au terme de la saison sèche. Encore fallait-il, comme nous l'apprend un texte gravé dans un rocher, lui adresser les prières et les offrandes indispensables, afin qu'il déclenche le flot.

Symboliquement, donc essentiellement aux yeux des anciens Égyptiens, le Nil naissait dans une grotte d'Éléphantine, une émergence du *noun*, l'océan cosmique. Afin de réguler la crue, parfois trop forte, ils avaient construit digues et petits barrages à certains endroits et inventé un système de retenues d'eau, de manière à distribuer cette richesse vitale tout au long de l'année. De plus, des réserves de nourriture étaient prévues, en cas de crue insuffisante. Jamais ils n'auraient songé à ligaturer le cours du Nil avec un barrage géant, s'ajoutant à celui des Britanniques. Un pays entier, la Nubie, a été englouti sous un lac artificiel d'environ cinq cents kilomètres de long, et les modifications climatiques mettent en péril les monuments de Haute-Égypte, qu'il s'agisse des temples bâtis en grès, pierre qui redoute l'eau, ou des tombes thébaines. La crue continue à se produire mais, étouffée, elle contourne le barrage et fait remonter une humidité dévastatrice. Juste avant que ne fût inauguré le haut barrage, fruit d'une alliance entre le nationalisme arabe et l'Union soviétique, le Nil eut un dernier sursaut : une crue énorme, qui détruisit quelques installations. Mais il était trop tard, et cette ultime révolte ne fut qu'un baroud d'honneur.

À juste titre, l'un des sites d'Assouan impressionne les visiteurs qui ont la curiosité de s'y rendre : c'est la plus belle carrière de granit du pays. Depuis le temps des pyramides, carriers et tailleurs de pierre ont travaillé ici. Et le système de transport était si perfectionné que l'on n'hésitait pas à charger, sur des barges adaptées, et en fonction de la hauteur du fleuve, des blocs colossaux et des obélisques entiers.

Ce n'est pas sans étonnement que l'on marche sur un obélisque couché, presque entièrement dégagé, mais inachevé et abandonné, à cause d'un défaut que les artisans avaient repéré. Quand on s'échine pour les dieux, que d'exigence ! Il est vrai que les obélisques préservés n'en comportent aucun, malgré la difficulté de la tâche.

Dans cette carrière, on ressent encore les efforts des ouvriers, leur connaissance intime de la pierre, la rigoureuse organisation des corps de métier et, par-dessus tout, l'amour de l'œuvre.

Clin d'œil à un édifice non pharaonique, mais passage obligé à Assouan, l'hôtel *Old Cataract* où ont résidé Agatha Christie et mon ami l'inspecteur Higgins, qui m'a autorisé à rédiger ses enquêtes. Comme l'écrit Philippe Leclaire, « depuis le paradis des romanciers, sainte Agatha Christie doit considérer avec plaisir la réussite d'un de ses fidèles continuateurs ».

Dans le jardin de cet hôtel, on dispose d'une vue aussi magnifique qu'apaisante. Elle pourrait presque nous faire croire que rien n'a changé et que l'âme d'une civilisation de lumière résistera encore longtemps aux assauts des ténèbres croissantes.

Mon plus émouvant souvenir d'Assouan est une expérience très physique : l'ascension, sous un soleil ardent, de l'une des rampes menant au sommet d'une falaise où furent creusées les demeures d'éternité des gouverneurs d'Éléphantine, depuis le temps des pyramides. Explorateurs du Grand Sud, aventuriers courageux, mais aussi bons gestionnaires et instruits des enseignements du Nil, ces robustes personnages contemplent à jamais, du haut de leur promontoire, la région qu'ils surent rendre prospère. On utilisait ces rampes pour hisser leurs sarcophages, barques du cosmos.

L'effort vaut la peine. Et lorsque l'on pénètre dans la tombe de l'un des Sarenpout, illustre lignée locale, on parcourt un couloir bordé de statues osiriennes pour parvenir à une scène splendide décorant la paroi qui marque la frontière entre notre monde et l'au-delà : le maître des lieux assis devant une table d'offrandes.

Parmi les couleurs, un bleu céleste prédomine. De sa magie, il alimente un éternel banquet, en compagnie de l'invisible.

Nous devons à Sarenpout, un authentique chamane, un texte extraordinaire : « J'ai jubilé, car on m'a fait toucher le ciel. Ma tête a percé le firmament. J'ai éraflé le ventre des Étoiles, j'ai atteint l'allégresse, de sorte que je brillais comme une étoile, que je dansais comme une constellation. »

— 37 —

ET SI L'AUBE SE LEVAIT SUR PHILAE ?

Prisonnière entre deux barrages, Philae, l'île sacrée d'Isis, était condamnée à disparaître sous les eaux. Mais la « grande magicienne », celle qui connaît le nom secret de la lumière et le processus de résurrection, parvint à surmonter la bêtise et la folie des humains pour préserver son sanctuaire. Seule solution : au prix de travaux tout à fait pharaoniques, déplacer les monuments et les installer sur l'île voisine d'Aguilkia, préalablement retaillée pour ressembler à l'île primitive. Rassembler des capitaux, engager des ingénieurs qualifiés, des ouvriers, démonter et remonter en prenant mille et une précautions… Pari risqué et réussi, sans nul doute grâce à la protection de la déesse.

Philae fut l'ultime refuge des ritualistes égyptiens, qui résistèrent jusqu'au dernier à l'inexorable expansion de la nouvelle doctrine, un christianisme dont le fanatisme destructeur n'était pas absent. Là encore, la magie d'Isis fut d'une efficacité remarquable. Dans plusieurs endroits, par exemple à Alexandrie, les chrétiens se livrèrent à des massacres et détruisirent des temples entiers, comme le serapeum d'Alexandrie. À Philae, ils se contentèrent de transformer le grand temple en église, et de marteler certaines figurations, de peur que les antiques divinités n'exercent une vengeance.

Même si l'on ne se trouve plus sur l'île choisie par les anciens Égyptiens, Philae, heureusement préservée, demeure le domaine sacré d'Isis, où l'on ressent le souffle ultime de la civilisation pharaonique. On y passe des journées entières sans avoir la moindre envie de quitter ce paradis, hors du temps et de l'espace. Ici furent célébrés les mystères d'Isis et d'Osiris, si bien évoqués dans *La Flûte enchantée* de Mozart, mauvaise traduction du titre allemand *La Flûte magique*. S'il est un lieu où le plus sublime des opéras devrait être représenté, c'est bien à Philae. Mais il faudrait un metteur en scène respectueux du livret et de la symbolique égyptienne. Un vœu pieux.

Les rituels égyptiens ne furent définitivement éradiqués par les chrétiens qu'au VIe siècle après Jésus-Christ, peu avant l'invasion arabo-musulmane, facilitée par la lâcheté des Byzantins, qui ne survécurent pas à leur stratégie d'abandon.

C'est toujours le cœur serré que je contemple la dernière inscription, gravée sur une paroi de Philae, le 24 août 394 après J.-C. Un ultime hommage à une puissance divine. Puis un long silence jusqu'à la découverte de Champollion.

Et si, suggérai-je à mon équipe, nous célébrions une aube se levant sur Philae ? Encore une idée folle, qui ne dérouta pas George. Comme couronnement d'un voyage d'étude, pourquoi pas ? Seule condition : se réveiller en pleine nuit, louer un bateau et quitter l'île avant l'arrivée des premiers touristes.

Sans que chacun fût parfaitement réveillé, nous montâmes dans un car qui nous conduisit à la berge. Et le moteur du bateau démarra. Nous glissâmes sur les eaux, jusqu'à un point du parcours où il s'arrêta.

Une panne ? Non. Nous avions besoin d'un passeur, le gardien qui nous emmènerait jusqu'au site. Comment ne pas songer à celui des *Textes des pyramides* qui soumet le pharaon en personne à des épreuves, avant de lui libérer la voie ?

Or, à cette heure nocturne, le passeur prévu dormait. Exactement comme dans les textes, où il est précisé qu'il faut le réveiller. L'intervention de Michel fut décisive, car il posa la bonne question : « Comment s'appelle-t-il ? » Réponse : « Ahmed. » Alors, de plusieurs voix conjuguées et puissantes, nous appelâmes : « Ahmed ! »

Dûment réveillé, il nous rejoignit, et nous atteignîmes l'île d'Isis, afin d'assister, dans le kiosque de Trajan, à l'apparition du soleil, et de communier avec la lumière renaissante. Pour nous, en ce matin inoubliable, l'aube se leva sur Philae, comme si jamais la transmission des mystères d'Isis ne s'était interrompue.

— 38 —

MIRACLE À ABOU SIMBEL

Quantité de personnages ont été consacrés aux deux temples d'Abou Simbel, le « grand » de Ramsès II et le « petit » de sa Grande Épouse royale Néfertari, « Celle pour laquelle le soleil se lève ». Pour moi, ce fut à la fois le lieu d'une tragédie et d'un miracle.

Entrepreneur, esthète, architecte, navigateur, Rolland possédait une qualité rare, « l'intelligence vraie ». En tant que photographe, il avait suivi de près l'évolution des technologies et, très tôt, s'en était alarmé. Il avait prévu que le virtuel remplacerait le réel, et que l'intelligence artificielle – le mot important étant « artificielle » – réduirait peu à peu les humains, ravis, en esclavage.

Je lui dois mon début de carrière d'écrivain, car c'est Rolland qui, connaissant un éditeur officiant chez Plon, m'a orienté vers lui, afin de lui soumettre le premier état du manuscrit cosigné avec François Brunier, *Le Message des bâtisseurs des cathédrales*[1]. Nous évoquions ce temps où les pierres parlaient, et je recensais les liens des maîtres d'œuvre avec l'Égypte ancienne, en évoquant la transmission des symboles. Il fallut beaucoup travailler pour aboutir à un texte lisible, que j'eus la chance de présenter à la radio le jour de Pâques. Et le succès fut au rendez-vous.

Pour Rolland, la grande découverte a été celle de l'Égypte. Tout à coup, un univers s'ouvrait. Faire une bonne photo d'un temple, d'un bas-relief ou d'une statue n'est pas si simple, car il faut comprendre ce que l'on voit, ne pas couper une scène ou une colonne de hiéroglyphes au mauvais endroit, donc choisir un cadrage qui ait du sens.

Depuis le jour où nous nous sommes rencontrés, notre amitié fut sans faille. Dans les bons comme dans les mauvais moments, il resta toujours présent. Doté d'un courage à la fois spirituel et physique, il n'hésitait pas, face à un individu plus

1. Plon, 1974.

ou moins abject – et, comme tout un chacun – à lui « rentrer dans la moulure », selon son expression.

À Rolland convenait aussi un qualificatif qui a perdu son sens aujourd'hui : la classe. Même pendant nos périples dans des coins reculés de l'Égypte, il portait des vêtements d'une élégance certaine. Séduisant, la parole aisée, enjoué, excellent convive qui penchait plutôt du côté d'un grand champagne que d'un soda industriel, il savait être grave et profond, et m'avait juré une fidélité amicale qui ne s'est jamais démentie, jusqu'à son dernier souffle.

Notre ultime entretien eut lieu sur l'angoissant lac Nasser, qui recouvre la Nubie. Une étendue d'eau artificielle sur laquelle nous nous sentions mal à l'aise. Rolland avait pris la barre du bateau, et nous parlâmes de l'essentiel, de ce qui donnait un sens à nos existences et des décisions qu'il comptait prendre pour se rapprocher de l'idéal de Maât.

Le lendemain, travail sur le site d'Abou Simbel. En sortant de l'hôtel, Rolland discuta avec Françoise en parcourant une allée bordée de flamboyants. Un soleil encore doux, un air léger, un moment de bonheur.

Et puis l'équipe entra dans le temple de Ramsès II, tandis que Rolland demeurait à l'extérieur pour photographier la façade aux quatre colosses. Une journée de labeur normale s'annonçait.

Alors que je relevais une inscription, quelqu'un que je n'avais jamais vu me tapa sur l'épaule. Un membre des forces de sécurité égyptienne en civil, qui observait les visiteurs. En me décrivant Rolland, il me demanda s'il appartenait bien à mon équipe. « Bien sûr », lui répondis-je, interloqué. « Que se passe-t-il ? » Et trois mots furent prononcés. « Il est mort. »

C'était absurde, impossible. « Où est-il ? » L'officiel m'emmena au-dehors et me montra un endroit du parvis où subsistait une trace de sang. Victime d'un malaise foudroyant, Rolland s'était effondré. Surtout, expliqua le policier, ce n'est pas un attentat terroriste.

J'exigeai de le voir. On me conduisit à l'hôpital local. Rolland gisait sur une sorte de lit de camp, dans une salle que je préfère ne pas décrire. Une partie de ses vêtements manquait. Son visage était serein. Sur un feuillet, j'écrivis les formules de résurrection provenant du *Livre de sortir au jour* et je les glissai dans sa chemise.

Avant les formalités de rapatriement, je devais joindre son épouse pour lui annoncer l'atroce nouvelle. Quiconque s'est acquitté d'une tâche similaire sait ce qu'il en coûte.

Selon ses dernières volontés, Rolland fut inhumé dans le village breton qu'il chérissait. Dans l'église étaient rassemblés tous ceux qui l'avaient aimé. Et nous écoutâmes, conformément à ses vœux, le *Requiem* de Mozart.

Ce qui suit relève du miracle. Quelques mois après le décès de Rolland, et à l'initiative de Michel, j'acceptai de donner une conférence lors d'une croisière musicale sur le lac Nasser avec, en point d'orgue, Abou Simbel. Le bateau étant amarré devant le site, il était possible de visiter les temples le soir. Sous un éclairage non agressif, bas-reliefs et statues s'animaient d'une splendeur particulière.

Voir un lever de soleil à Abou Simbel nous parut impératif, à Françoise, Michel et moi. Nous nous trouvions donc sur le pont du bateau pour admirer la façade du grand temple, sortant de la nuit.

L'esplanade qui le précédait aurait dû être déserte. Mais à l'endroit où Rolland était mort, il y avait un photographe, de sa taille, avec son allure, sa chemise, son pantalon, ses chaussures. Il était là, bien vivant.

Le temps d'emprunter la passerelle et de le rejoindre, il avait disparu. Disparu ? Pas pour le vrai regard, celui capable d'aller au-delà du visible et d'interpréter les signes. Vivant, Rolland… Comment en douter ?

— 39 —

L'ESPÉRANCE D'UNE OASIS

Le Delta, la Basse-Égypte, la Vallée du Nil, la Moyenne et la Haute-Égypte, la Nubie... Que de voyages et d'explorations ! Restaient les oasis, et particulièrement l'un d'entre eux, celui de Khargueh, à l'ouest de Louxor. Pendant mes études avait été évoqué un « temple d'Hibis » que personne ne semblait connaître. Qu'à cela ne tienne : location d'un véhicule tout-terrain et traversée du désert.

À la lointaine époque de ce voyage-là, Khargueh n'était qu'une bourgade, sans commune mesure avec la cité moderne construite depuis dans l'oasis.

Un seul hôtel, au confort des plus sommaires, avec un rationnement de l'eau n'autorisant qu'une seule douche rapide par jour. Des lits plutôt grinçants, des couvertures de laine râpeuses. Mais des oasiens fort accueillants, qui se mettaient en quatre pour préparer des repas simples.

Stupéfaction et enchantement : Hibis n'était pas un modeste sanctuaire, plus ou moins dégradé, mais un grand temple, du plus pur style égyptien, en parfait état de conservation !

Et puis la douloureuse désillusion : édifice interdit à la visite, en raison de travaux de réfection, car les murs menaçaient de s'écrouler.

Renoncer à pénétrer dans un pareil temple ? Hors de question ! La police dite « touristique » n'étant pas forcément des plus aimables, franchir illégalement le barrage n'était pas la meilleure solution.

À l'hôtel, on me parla d'un vieil érudit, né à Khargueh où il avait passé toute sa vie, devenant l'auxiliaire privilégié des égyptologues qui avaient étudié le temple. Mine de souvenirs et de connaissances, il nous accueillit avec une extrême gentillesse et nous montra quantité de documents.

Comprenons l'importance de l'enjeu : construit sous une occupation perse, à la fin des dynasties, le temple d'Hibis est un fabuleux conservatoire des rites et des symboles égyptiens. En l'édifiant loin de la vallée et des agresseurs, les ritualistes ont voulu préserver l'essentiel. Pari réussi ! Tout est intact, depuis les scènes d'offrandes jusqu'aux mystères osiriens.

Mais pourquoi ce sanctuaire si important est-il si méconnu ? D'abord, à cause de sa situation géographique, à l'écart des circuits touristiques habituels ; ensuite, et de façon aussi incompréhensible que révoltante, parce que la belle publication de Norman de Garis Davies, *The Temple of Hibis in El Khārgeh Oasis, Part III, The Decoration*, Publications of The Metropolitan Museum of Art, Egyptian Expedition, volume XVII, New York, 1953, n'a toujours pas été rééditée. Si je donne la référence complète, c'est avec l'espoir qu'un éditeur comprendra la nécessité de rendre à nouveau disponible ce trésor, ignoré de nombre d'égyptologues.

Le vieil érudit de Khargueh en possédait un exemplaire, qu'il conservait soigneusement. Planche après planche, j'étais fasciné. Et voir tout cela, si proche, sans pouvoir l'admirer en vrai ? Sauf, peut-être, pendant certaines heures, lorsque la police ne surveillait pas l'édifice.

Persuadé que les murs, soutenus par des étais, ne s'écrouleraient pas sur nous, je ne manquai pas d'utiliser les renseignements fournis par cet oasien bienveillant. Et c'est ainsi que nous nous introduisîmes dans le temple et découvrîmes, en silence, les scènes passionnantes qui avaient échappé aux destructions.

Le temple d'Hibis est l'incarnation de l'espérance. Dans un pays pourtant occupé, il était possible de transmettre l'essentiel.

— 40 —

OPÉRATION PYRAMIDES

Pour mon soixante-dix-septième anniversaire, Françoise a eu l'idée d'un superbe cadeau : un voyage en Égypte, et en amoureux. Avec la vieillesse, je me sens de plus en plus en affinité avec l'âge d'or de l'Égypte pharaonique, que les historiens appellent « Ancien Empire », pendant lesquels furent édifiées des dizaines de pyramides et bâties des demeures d'éternité (les mastabas), dont certaines, préservées, recèlent de merveilleux bas-reliefs.

Un long séjour au Caire, afin de revoir les grands sites et un maximum de pyramides. Et je ne m'attendais pas à autant de surprises et de découvertes !

Certes, à chaque voyage d'étude, les prévisions étaient plus ou moins déjouées en fonction des circonstances. Après des périodes difficiles et un reflux des vagues touristiques, sans oublier l'achèvement de travaux de restauration, les autorités ont rendu accessibles des lieux majeurs, naguère interdits à la visite. Et pour ce séjour-là, la chance était avec nous !

D'abord, pouvoir admirer à nouveau la pyramide à degrés de Djéser, sans les échafaudages qui l'encerclaient depuis tant d'années. Consolidée, majestueuse, elle trône au cœur de Saqqara et sert de point de repère aux puissances créatrices comme aux simples humains.

Il est maintenant possible de contempler le monumental sarcophage de Djéser, son pourvoyeur de vie, installé au fond d'un puits profond, véritable centrale d'énergie qui irrigue les veines de pierre de la pyramide et les nombreuses salles souterraines où étaient entreposés vases, coupes, assiettes et autres objets servant à la célébration d'un éternel banquet.

J'ai conscience que, même en répétant mille fois qu'une pyramide n'est pas un tombeau, cette erreur « scientifique » continuera d'être répandue. La pauvreté de notre pensée est telle qu'il nous est difficile d'appréhender l'ampleur de celle des anciens Égyptiens. Illustration à Saqqara : le gigantesque sarcophage de Djéser n'est pas un cercueil destiné à recueillir un cadavre, mais une barque apte à voguer dans les espaces célestes, et qui contient « le corps noble », lumineux et transformé en Osiris, du pharaon ressuscité.

De plus, Djéser n'avait pas qu'un seul corps. C'est pourquoi il existe un « tombeau » sud. Au fond d'un second puits, un second sarcophage colossal, réservé au *ka* royal, la puissance créatrice inaltérable, transmise de pharaon en pharaon. Bien mourir pour bien revivre consiste précisément à « passer à son *ka* ».

Des escaliers métalliques ayant été installés, nous descendîmes un bon nombre de marches, sans nous soucier de la remontée. Puisque l'on ne saurait se préoccuper de tout, autant avoir des genoux et des articulations solides.

Peu de touristes se hasardant à descendre et à grimper ces escaliers impressionnants : Françoise et moi nous retrouvâmes seuls à contempler le sarcophage géant, à tourner lentement autour afin d'en découvrir toutes les facettes et à nous recueillir en ressentant la puissance sereine qui en émanait.

Dieux, qu'il est difficile de mettre un terme à de tels moments ! Une autre étape nous attendait : le retour à Dahchour, site où « le bon roi » Snéfrou édifia deux pyramides géantes, que j'ai évoquées plus haut. Cette fois, plus besoin d'utiliser du matériel d'alpinisme pour escalader une paroi. L'intérieur des deux pyramides a été nettoyé et aménagé pour la visite. J'ai songé aux égyptologues qui n'avaient pas pu y pénétrer, et j'ai remercié les dieux de m'avoir accordé de vivre assez longtemps pour bénéficier de ce privilège.

Néanmoins, un privilège qui se mérite ! Accéder à l'entrée nord de la pyramide à double pente (la rhomboïdale) ne présente aucun problème : escalier sécurisé, ascension rapide.

Pourquoi les gardiens, en nous voyant arriver, étaient-ils goguenards, à la limite de l'hilarité ? Question intrigante : « Vous voulez vraiment y aller ? » Défi égyptologique à relever, sans tenir compte de la mise en garde !

D'abord, la descenderie, autrement dit un couloir étroit dans lequel on ne peut progresser que courbé, les uns choisissant de regarder devant eux, les autres de mettre leur postérieur en avant. Quelle que soit l'attitude adoptée, ce boyau de pierre, qui s'enfonce dans les ténèbres, paraît sans fin. Et le problème demeure identique : tout ce qu'on descend doit être remonté.

La descenderie de la pyramide à double pente m'est apparue comme la championne toutes catégories. Elle finit quand même par aboutir à une vaste salle, couverte d'une voûte en chevrons. Quoique le souffle soit déjà coupé par le premier effort, il l'est encore davantage par la vision de ce prodige architectural.

Normalement – mais qu'y a-t-il de « normal » avec les bâtisseurs de l'ancienne Égypte –, le parcours pourrait s'arrêter là. Tel n'est pas le cas. Un escalier en bois, comportant plusieurs paliers, nous convie à nous élever vers une autre salle. Avantage non négligeable : la pyramide ayant deux entrées, l'une au nord, l'autre à l'ouest, on bénéficie d'une circulation d'air.

Descendre, monter et puis... ramper ! Il convient, en effet, de s'engager dans un très étroit boyau aménagé par les constructeurs pour faire communiquer entre elles les deux parties de la pyramide. Toujours la présence de voûtes en chevrons, ces degrés de pierres vivantes qui élèvent l'âme.

Et l'on atteint le sanctuaire, malheureusement dévasté par des pillards à la recherche de trésors. Pourtant, au terme d'un long chemin à l'intérieur de la montagne de pierre, quelle intense contemplation ! Un nouveau souffle nous anime, et nous en avons bien besoin pour refaire l'itinéraire en sens inverse, à l'image de l'esprit du pharaon, qui partait de l'intérieur de l'édifice, afin de « sortir au jour ».

En nous extrayant de la pyramide, nous comprîmes la raison de l'hilarité des gardiens, qui nous désignèrent une banquette sur laquelle nous asseoir. À la place de nos jambes, il y avait des poteaux, d'une extrême raideur, difficiles à déplacer. Ressortir indemnes d'un tel monument équivalait à un exploit, qui méritait un éclat de rire et une tape dans le dos. Modeste prix à payer pour avoir eu le bonheur de vivre un tel voyage, au sein d'« une belle pierre d'éternité ».

Nouveau miracle : les jambes-poteaux ne nous empêchèrent pas d'explorer la « pyramide rouge », au parcours intérieur beaucoup plus aisé, et d'admirer ses extraordinaires voûtes en chevrons, qui aspirent l'âme vers l'au-delà.

— 41 —

L'OR D'OSIRIS

Saqqara est un site immense, loin d'être complètement fouillé. Chaque année réserve d'ailleurs son lot de surprises, et tout égyptologue rêve de découvrir la tombe d'Imhotep, le génial maître d'œuvre de la pyramide à degrés, en espérant qu'il ne s'agisse pas d'un grand mastaba déjà connu et pillé, mais sans trace de ce nom.

Je termine ce carnet de voyage par un lieu extraordinaire, aujourd'hui accessible et fort peu visité.

Le jour où nous nous y rendîmes, Françoise et moi, en début d'après-midi, il faisait quarante degrés. Notre accompagnateur obligé supportait mal la chaleur et la marche dans le désert. Elle ne fut pas trop longue, mais tout de même un peu éprouvante. Nous étions passés par le domaine de

Djéser pour atteindre la pyramide d'Ounas et, de là, emprunter un chemin qui menait à une zone regroupant des tombes du Nouvel Empire, dont celle que se fit construire le général Horemheb, avant de devenir pharaon et de faire creuser sa demeure d'éternité dans la Vallée des Rois.

Des origines de la civilisation pharaonique jusqu'à son extinction, le site de Saqqara demeura en activité, et toutes les époques y sont représentées.

Celle qui nous intéresse ici a failli voir la mort de l'Égypte, puisque Akhénaton, dans sa folie mystique, l'entraînait vers l'abîme. Par bonheur, après la disparition de ce fanatique que Ramsès II qualifiait de « scélérat », Horemheb et Toutânkhamon, qui joua un rôle essentiel, restaurèrent à la fois la tradition spirituelle et la prospérité matérielle.

À l'écart du parcours touristique habituel, ce secteur des tombes du Nouvel Empire rassemble des monuments de cette époque charnière, y compris quelques blocs rappelant le règne désastreux d'Akhénaton.

Notre accompagnateur dut réveiller le gardien, qui se plaignait de ne voir que très peu de curieux, donc de ne percevoir que de faibles pourboires. Le visage fermé, il nous donna accès aux diverses tombes, plus ou moins ruinées, et puis souleva une trappe, dévoilant un escalier qui s'enfonçait sous terre.

Épuisé, notre guide s'assit à côté du gardien et nous laissa explorer ce caveau. À peine entré dans la première salle, je poussai une si forte exclamation qu'elle inquiéta l'accompagnateur. « Il y a un problème ? demanda-t-il. — Non, répondis-je, c'est trop beau ! »

Comme il ne descendit pas nous rejoindre, Françoise et moi vécûmes l'un de ces moments de bonheur qui se gravent à jamais dans le cœur. Le choc était d'une telle intensité que nous restâmes longtemps silencieux, l'âme et le regard accaparés par des figures de divinités d'une absolue perfection. Couleur dominante : l'or, et pour cause. Nous nous trouvions dans une demeure d'éternité consacrée aux mystères d'Osiris, « l'accomplissement parfait de l'or ». Par un miracle typiquement égyptien, les bas-reliefs de cet incroyable chef-d'œuvre, dû à Maya, trésorier de Toutânkhamon, étaient intacts, de même que les textes qui commentaient les actes rituels. Isis, sa sœur Nephtys, « la maîtresse du temple » et Anubis, le guide des « justes de voix » sur les chemins de l'autre monde, prononçaient les « formules de transformation en lumière ».

Perdu dans son adoration individuelle du disque solaire, Akhénaton avait supprimé la célébration des grands mystères osiriens qui, grâce à l'alchimie spirituelle, permettaient de transformer la mort en vie.

Ici, à Saqqara, Maya les ressuscitait. Dans ce sanctuaire à la beauté magique s'exprime toute la splendeur de ce message.

L'ULTIME VOYAGE ?

Au fond, depuis ma treizième année, quel que fût l'endroit du monde où je me trouvais, je n'ai pas cessé de voyager en Égypte. Aucun hasard si j'ai consacré ma thèse de doctorat au « Voyage dans l'autre monde selon l'Égypte ancienne ».

Cet « autre monde », celui de la règle d'harmonie, de la réciprocité, de l'amour créateur, de l'offrande, de l'œil d'Horus, de la communion entre les puissances invisibles et les humains, a bel et bien existé. Pyramides, temples et demeures d'éternité ont traversé le temps pour nous le prouver.

Il n'y a pas de paradis tout faits, comme cette intelligence artificielle qui nous envahit et nous détruit. Selon les anciens Égyptiens, tout se construit : une vie, un amour, un au-delà.

À partir d'un certain âge, une réalité s'impose : chaque journée équivaut à l'éternité. L'enseignement des *Textes des pyramides* est encore plus profond : tout ce qui est né dans le temps mourra dans le temps, ce qui est plutôt réjouissant, si l'on considère le monde actuel. Or, la mort, qui n'est pas l'opposé de la vie, mais une forme d'existence, est née dans le temps. Donc la mort mourra.

Ce que nous offre l'Égypte pharaonique, c'est une vie au-delà de la mort et de l'existence, au-delà du temps et de notre propre histoire, si limitée. Chaque site est une porte vers l'au-delà, chaque « fausse porte » présente dans une demeure d'éternité est la vraie. Encore faut-il avoir des yeux pour voir et des oreilles pour entendre.

Au fil du temps et des voyages, j'ai constaté que, à mon insu, j'étais devenu l'écrivain d'une civilisation, depuis ses origines, avec *Et l'Égypte s'éveilla*, jusqu'au dernier souffle, avec *Pour l'amour de Philae*. Des pharaons les plus illustres jusqu'aux personnages les plus modestes, tels le Vieux et l'âne Vent du Nord, tous m'ont inspiré, tous ont été mes compagnons de route.

À vous tous, mes fidèles lecteurs, qui me faites l'honneur de cheminer avec moi depuis tant d'années, je souhaitais vous offrir ces quelques confidences. Et n'oubliez pas que, grâce à Isis, l'amour sera toujours plus fort que la mort si vous recherchez la lumière.

TABLE DES MATIÈRES

ŒUVRES DE CHRISTIAN JACQ

Romans

L'Affaire Toutankhamon, Grasset (prix des Maisons de la Presse).
Barrage sur le Nil, Robert Laffont.
Champollion l'Égyptien, XO Éditions.
La Création du Temple de Salomon, Ebook (uniquement).
Le Dernier Rêve de Cléopâtre, XO Éditions.
Égypte, l'ultime espoir. La vie héroïque du grand prêtre Pétosiris, XO Éditions.
L'Empire du pape blanc (épuisé).
Les Enquêtes de Setna, XO Éditions :
 * *La Tombe maudite.*
 ** *Le Livre interdit.*
 *** *Le Voleur d'âmes.*
 **** *Le Duel des mages.*
Et l'Égypte s'éveilla, XO Éditions :
 * *La Guerre des clans.*
 ** *Le Feu du Scorpion.*
 *** *L'Œil du Faucon.*
La Femme d'or. La vie miraculeuse de la reine-Pharaon Hatchepsout, XO Éditions.
Horemheb, le retour de la lumière, XO Éditions.
Imhotep, l'inventeur de l'éternité, XO Éditions.
J'ai construit la Grande Pyramide, XO Éditions.

Le Juge d'Égypte, Plon :
* *La Pyramide assassinée.*
** *La Loi du désert.*
*** *La Justice du vizir.*

Le Lotus d'or et les trois pyramides du pharaon Snéfrou, XO Éditions.
Maître Hiram et le roi Salomon, XO Éditions.
Le Moine et le Vénérable, Robert Laffont.
Mozart, XO Éditions :
* *Le Grand Magicien.*
** *Le Fils de la Lumière.*
*** *Le Frère du Feu.*
**** *L'Aimé d'Isis.*

Les Mystères d'Osiris, XO Éditions :
* *L'Arbre de vie.*
** *La Conspiration du mal.*
*** *Le Chemin du feu.*
**** *Le Grand Secret.*

La Naissance d'Anubis ou le Crime suprême (nouvelle), J Éditions.
Néfertiti, l'Ombre du Soleil, XO Éditions.
Pharaon, mon royaume est de ce monde, XO Éditions.
Le Pharaon noir, Robert Laffont.
La Pierre de lumière, XO Éditions :
* *Néfer le Silencieux.*
** *La Femme sage.*
*** *Paneb l'Ardent.*
**** *La Place de Vérité.*

Pour l'amour de Philae, Grasset.
Le Procès de la momie, XO Éditions.
La Prodigieuse Aventure du Lama Dancing (épuisé).
Que la vie est douce à l'ombre des palmes (nouvelles), XO Éditions.
Ramsès, Robert Laffont :
* *Le Fils de la Lumière.*
** *Le Temple des millions d'années.*

**** La Bataille de Kadesh.*

***** La Dame d'Abou Simbel.*

****** Sous l'acacia d'Occident.*

Ramsès III, le dernier des géants, XO Éditions.

La Reine Liberté, XO Éditions :

** L'Empire des ténèbres.*

*** La Guerre des couronnes.*

**** L'Épée flamboyante.*

La Reine Soleil, Julliard (prix Jean-d'Heurs du roman historique).

Sphinx, XO Éditions.

Toutânkhamon, l'ultime secret, XO Éditions.

Urgence absolue, XO Éditions.

La Vengeance des dieux, XO Éditions :

** Chasse à l'homme.*

*** La Divine Adoratrice.*

Ouvrages pour la jeunesse

Contes et légendes du temps des pyramides, Nathan.

La Fiancée du Nil, Magnard (prix Saint-Affrique).

Les Pharaons racontés par…, Perrin.

Essais sur l'Égypte ancienne

Ces femmes qui ont fait l'Égypte, XO Éditions.

L'Égypte ancienne au jour le jour, Perrin.

L'Égypte des grands pharaons, Perrin (couronné par l'Académie française).

Les Égyptiennes, portraits de femmes de l'Égypte pharaonique (épuisé).

Les Grands Sages de l'Égypte ancienne, Perrin.

Initiation à l'Égypte ancienne, MdV Éditeur.

La Légende d'Isis et d'Osiris, ou la Victoire de l'amour sur la mort, MdV Éditeur.

Les Maximes de Ptah-Hotep. L'enseignement d'un sage du temps des pyramides, MdV Éditeur.

Le Monde magique de l'Égypte ancienne, XO Éditions.
Néfertiti et Akhénaton, le couple solaire, Perrin.
Paysages et paradis de l'autre monde selon l'Égypte ancienne, MdV Éditeur.
Le Petit Champollion illustré, Robert Laffont.
Pouvoir et sagesse selon l'Égypte ancienne, XO Éditions.
Préface à : *Champollion, grammaire égyptienne*, Actes Sud.
Préface et commentaires à : *Champollion, textes fondamentaux sur l'Égypte ancienne*, MdV Éditeur.
Rubriques « Archéologie égyptienne », dans le *Grand Dictionnaire encyclopédique*, Larousse.
Rubriques « L'Égypte pharaonique », dans le *Dictionnaire critique de l'ésotérisme*, Presses universitaires de France.
La Sagesse vivante de l'Égypte ancienne, Robert Laffont.
La Tradition primordiale de l'Égypte ancienne selon les Textes des Pyramides, Grasset.
La Vallée des Rois, histoire et découverte d'une demeure d'éternité, Perrin.
Le Voyage dans l'autre monde selon l'Égypte ancienne. Épreuves et métamorphoses du mort d'après les Textes des Pyramides et les Textes des Sarcophages (épuisé).
Voyage dans l'Égypte des pharaons, Perrin.

Autres essais

La Flûte enchantée de W.A. Mozart, traduction, présentation et commentaires de C. Jacq, MdV Éditeur.
La Franc-maçonnerie, histoire et initiation, Robert Laffont.
Le Livre des Deux Chemins, symbolique du Puy-en-Velay (épuisé).
Le Message initiatique des cathédrales, MdV Éditeur.
Saint-Bertrand-de-Comminges (épuisé).
Saint-Just-de-Valcabrère (épuisé).
Trois Voyages initiatiques, XO Éditions :
 * *La Confrérie des Sages du Nord.*

** *Le Message des constructeurs de cathédrales.*
*** *Le Voyage initiatique ou les Trente-Trois Degrés de la Sagesse.*

Albums illustrés

L'Égypte pharaonique, XO Éditions et E/P/A :
* *Un royaume de lumière.*
** *L'Âge d'or des pyramides.*
*** *De la puissance au crépuscule.*
L'Égypte vue du ciel (photographies de P. Plisson), XO Éditions et La Martinière.
Karnak et Louxor, Pygmalion.
Le Mystère des hiéroglyphes, la clé de l'Égypte ancienne, Favre.
La Vallée des Rois, images et mystères (épuisé).
Le Voyage aux pyramides (épuisé).
Le Voyage sur le Nil (épuisé).
Sur les pas de Champollion, l'Égypte des hiéroglyphes (épuisé).

Bandes dessinées

Les Mystères d'Osiris (scénario : Maryse, Jean-François Charles ; dessins : Benoît Roels), Glénat et XO Éditions :
* *L'Arbre de vie (1).*
** *L'Arbre de vie (2).*
*** *La Conspiration du mal (1).*
**** *La Conspiration du mal (2).*

Les enquêtes de l'inspecteur Higgins

1. Le Crime de la momie
2. L'Assassin de la Tour de Londres
3. Les Trois Crimes de Noël
4. Le Profil de l'assassin
5. Meurtre sur invitation
6. Crime Academy
7. L'Énigme du pendu
8. Mourir pour Léonard
9. Qui a tué l'astrologue ?

10. Le Crime de Confucius
11. Le Secret des Mac Gordon
12. L'Assassin du pôle Nord
13. La Disparue de Cambridge
14. La Vengeance d'Anubis
15. L'Assassinat de Don Juan
16. Crime dans la Vallée des Rois
17. Un assassin au Touquet
18. Le Crime du sphinx
19. Le Tueur du vendredi 13
20. Justice est faite
21. Assassinat chez les druides
22. La Malédiction de Toutânkhamon
23. L'École du crime
24. Le Démon de Kensington
25. L'Aiguille de Cléopâtre
26. Brexit oblige
27. Crime sur le lac Léman
28. Comédien, assassin ?
29. Sauvez la reine !
30. L'Énigme XXL
31. Le Marchand de sable
32. Jack l'Éventreur : le retour
33. Un crime pour l'éternité
34. Les Sept Merveilles du crime
35. Crime niçois
36. L'Empreinte carbone
37. Que le diable l'emporte !
38. L'Ennemi invisible
39. Le Monstre du loch Ness
40. Le Crime d'une nuit d'été
41. Le Masque de l'assassin
42. Le Noël de l'assassin
43. Drones, les ailes du crime
44. La Couronne du crime
45. Crime bordelais
46. La Messe de l'assassin
47. L'Assassin augmenté
48. Le Mystère de la chambre noire
49. Les Larmes d'Isis
50. La Dame à la licorne
51. Crime connecté
52. Crime à quatre mains
53. Crime à l'italienne
54. Murder Society
55. La Mémoire de l'eau

Soucieuses de la préservation de l'environnement, les Éditions XO utilisent du papier issu de forêts gérées de manière responsable.

Composition et mise en pages
Nord Compo à Villeneuve-d'Ascq

Impression réalisée par CPI BRODARD & TAUPIN
La Flèche (Sarthe), en février 2025

N° d'édition : 5371/01 - N° d'impression : 3060249
Dépôt légal : mars 2025

Imprimé en France